Dr. Angelika Schrand
Anna Wilson

The Four Rooms of Change

Die Veränderungsformel

Anna Wilson

Dr. Angelika Schrand

THE FOUR ROOMS OF CHANGE

Die Veränderungsformel

Impressum

Bibliografische Information der Deutschen Nationalbibliothek: Die Deutsche Nationalbibliothek verzeichnet diese Publikation in der Deutschen Nationalbibliografie; detaillierte bibliografische Daten sind im Internet über http://dnb.dnb.de abrufbar.

Verlag: BoD · Books on Demand GmbH, Überseering 33, 22297 Hamburg, bod@bod.de

Druck: Libri Plureos GmbH, Friedensallee 273, 22763 Hamburg

ISBN: 978-3-8192-7632-3

Inhalt

Die Four Rooms of Change, eine Formel für Veränderungen?

In der heutigen Welt ist es wichtiger denn je, zu lernen, wie man mit den vielen Krisen umgeht. Die Krisen sind da und werden nicht weniger, auch wenn wir alle hoffen, dass sie nach Möglichkeit verschwinden werden. Die Unsicherheit nimmt zu, und wir sind sehr besorgt über die alarmierende Zunahme von Lustlosigkeit und Depression, vor allem bei jungen Menschen.

Wir haben erkannt, dass soziale Interaktion und gemeinsame Erfahrungen uns glücklicher machen. Wir brauchen dieses Gemeinschaftsgefühl in unserem Privatleben wie auch in der Gesellschaft, um die notwendigen Veränderungen zu erreichen, soziale Gerechtigkeit und die Klimakrise zu bewältigen und unsere Demokratie zu schützen. Das betonen renommierte Wissenschaftler, aber auch viele Initiativen wie InnerDevelopmentGoals.org und andere. Nur gemeinsam können wir die enormen Herausforderungen bewältigen, vor denen wir alle und jede/jeder Einzelne stehen - gesellschaftlich und in Unternehmen.

Leistung und Innovation entstehen in einer Kultur der Inspiration, der Sicherheit und der gegenseitigen Wertschätzung und Anerkennung, der Basis für ein gutes Miteinander.

Aber wer kennt das nicht, die Schwierigkeiten in der Zusammenarbeit mit anderen im Alltag? Verhaltensweisen, die uns ärgern, andere Arbeitsweisen und Einstellungen, die wir nicht nachvollziehen können, erschweren den Alltag. Aber das können wir nicht ändern, nur wie wir mit Krisen umgehen und unsere Sichtweise darauf. Oder wie Claes Janssen sagt: *„Agree to your disagreements"* -Unseren inneren Konflikt akzeptieren, akzeptieren, das wir nicht alles ändern können.

Wenn uns das gelingt, können wir die Stärken der Unterschiedlichkeit und Vielfalt nutzen und sie als Chance, als wichtigen Erfolgshebel für Unternehmen und demokratische Gesellschaften einsetzen. Und dies ist möglich, wenn wir mit der Theorie der Four Rooms of Change arbeiten. Sie ist nicht nur eine Psychologie für den Einzelnen, sondern sie stärkt das Gemeinschaftsgefühl und verändert die Kultur der Zusammenarbeit. Sie bietet das an, was nötig ist, um mehr Zufriedenheit und Inspiration als Individuum, als Team und als Organisation zu erreichen - die Voraussetzung für Produktivität und Innovation.

Bislang gibt es im Internet wenig im Original von Claes Janssen. Viele nutzen Plagiate und zitieren ihn, ohne sich auf den Kern seiner Theorie und Arbeit zu beziehen. Wir wollen die großartige Arbeit von Claes Janssen würdigen und seinen Wunsch unterstützen, dass möglichst viele Menschen die Chance haben, diese praktische Psychologie in ihrem Alltag anzuwenden und dass wir alle mehr Lebenszufriedenheit erreichen können und Konflikte in uns selbst, in unserem beruflichen und sozialen Umfeld dadurch reduzieren.

Zweck des Buches

Dieses Buch soll Einblicke in die Entwicklung der Four Rooms of Change Theorie geben, die derzeit nur im schwedischen Original vorliegen, und Hintergrundinformationen zu Claes Janssen liefern, dem Entwickler der Theorie, der es unserer Meinung nach verdient, für sein Lebenswerk international anerkannt zu werden.

In Kapitel 1 beschreiben wir den Entwicklungsprozess der gesamten Four Rooms of Change Theory. Inhaltlich werden die einzelnen Schritte so weit beschrieben, dass sie als Verknüpfungen und Prozessschritte deutlich werden Allerdings wurden nicht alle Schritte eins zu eins als linearer Prozess entwickelt, sondern es gab Sprünge zwischen den Entwicklungsergebnissen. In diesem Buch werden die Schritte nacheinander dargestellt, um die Verknüpfungen der Theorieelemente nachvollziehen zu können.

In Kapitel 2 wird das Verständnis der Four Rooms of Change Theory vertieft.

In Kapitel 3 zeigen wir verschiedenen Anwendungsfälle.

In Kapitel 4 wird die Theorie mit anderen Theorien kombiniert und verglichen.

Wir möchten uns bei allen bedanken, die zu diesem Buch beigetragen haben.

Als Co-Autoren: Birgit Freitag, Wiebke Steinel, Giuliano Tarditi, Jens Witte, Dr. Doris Yuan. Alle Co-Autoren sind daher namentlich gekennzeichnet. Alle Autoren und eine kurze Beschreibung der Autoren finden Sie im Anhang am Ende des Buches.

Andreas Schöneberg, der das Cover entwickelt hat. Dr. Jari Grosse-Ruyken, der uns mit dem Titel "The Changing Formula" inspiriert hat, alle Kolleg:Innen der CONTUR und Janssen's Model®, die mit Feedback, Ideen und einfach mit Inspiration dazu beigetragen haben, dass wir dieses Buch fertigstellen konnten.

The Four Rooms of Change

Die Veränderungsformel

Sie werden sehen, dass es funktioniert.

Wenn Sie erfahren möchten, wie Sie mit den Four Rooms Instrumenten arbeiten können, finden Sie die QR-Codes und Links auf Seite 149.

Strängnäs 2021

Claes Janssen, PhD, (1937-2024) war ein schwedischer Psychologe, Forscher und Autor, der für seine innovative Arbeit im Bereich des Veränderungsmanagements bekannt ist.
Ulla Janssen (1945-2022) begann im Jahr 2000, die Four Rooms in die Schulen zu bringen.

Die Geschichte von Claes Janssens Entwicklung der Theorie

1. Die Geschichte von Claes Janssens Entwicklung der Theorie

Dr. Angelika Schrand

Die Four Rooms of Change Theorie bedeutet so viel mehr als nur das Modell.

Wenn Sie Four Rooms of Change in Suchmaschinen eingeben, werden Sie verschiedene Interpretationen finden. Oder wenn Sie erfahrene Change-Berater, Coaches und Manager fragen, stellen Sie fest, dass viele die Four Rooms kennen, oft nennen sie auch die plagiierte Version: The Change House, The Four Rooms Apartments oder The House of Change. Claes Janssen wird oft als der Urheber genannt, der es entwickelt hat und er selbst sagt zu den verschiedenen Interpretationen:

"Leider kann es passieren, dass das, was Ihnen gezeigt wird, ein Plagiat ist - ein Vier-Quadrat-Diagramm mit demselben psychologischen Inhalt wie die Four Rooms, vielleicht mit geänderten Namen in einem oder zwei der Räume, vielleicht sogar das. ... Der Sinn des Plagiats ist schwer zu erkennen. " [1]

In diesem Abschnitt wird die Entwicklung der Four Rooms of Change -Theorie von Claes Janssen skizziert, und es wird deutlich, dass die gesamte Theorie viel mehr bietet als nur das international bekannte Modell und dass die vielen Interpretationen der Four Rooms nicht das volle Potenzial darstellen. Oder dass sie in einer Weise verwendet wird, die sogar schädlich für die Organisation sein kann.

"Die Psychologie ist eine verdammt dumme Wissenschaft."[2]

Um die weitere Entwicklung der Theorie und der Instrumente kontextualisieren zu können, ist das im Titel genannte Zitat aufschlussreich. Es stammt von dem Vater von Claes Janssen, der die Psychologie hasste und Claes Janssen bemerkte:

"Mein Vater war ein Realist mit einer starken Vorliebe für Einfachheit. Ich zog Komplexität und Tiefe vor. Während es mir um die Wahrheit ging, sah mein Vater die Konsequenzen. Wird dies überzeugen? Wenn dies als Wahrheit angenommen wird, was sind die Folgen? Die Sichtweise meines Vaters hat mich davon überzeugt, dass es nicht ausreicht, wenn eine psychologische Theorie wissenschaftlich, original und kreativ ist. Man musste sich wohlfühlen, wenn man sie für die Wahrheit hält und nach ihr lebt. Sie muss integrativ sein." [3]

Dies erklärt, mit welcher Intention die Theorie, die Instrumente und weitere Hilfestellungen weiterentwickelt wurde – es ging ihm darum nicht nur eine wissenschaftliche Theorie zu entwickeln, sondern sie sollte sowohl praktisch als auch nützlich sein.

Warum der Film 491 der Startpunkt war

Es begann 1964 mit dem Film 491, den Vilgat Sjöman nach einem Roman von Lars Görling drehte. Der Film handelt von dem Versuch, sechs verwahrloste Jugendliche aus Stockholm wieder in die Gesellschaft zu integrieren. Im Film 491 hat der liberale Erziehungsansatz nicht funktioniert. Die Situation eskalierte und die Polizei griff ein. Der Film wurde zensiert und eine große Debatte begann. Die einen fanden den Film unheimlich spannend, die anderen verrohend und brutal. Dies führte zu einer Untersuchung, an der Claes Janssen als junger Psychologiestudent beteiligt war. Sie untersuchten *den Willen der Zensur*, um zu verstehen, warum einige Menschen etwas ablehnen und andere weniger. Im Alter von 24 Jahren konnte er seine erste, vom Schwedischen

Filminstitut geförderte Originalstudie anfertigen. Dies war der Ausgangspunkt für die Entwicklung der Four Rooms of Change Theory.

Die Entwicklung der persönlichen Dialektik als Kern der Theorie

Claes Janssen las Colin Wilsons Buch *"Der Außenseiter"*, als er von 1964 bis 1966 für das schwedische Filminstitut arbeitete, um die Einstellungen zu untersuchen, die zur Ablehnung von Filmen führten. Colin Wilsons Buch handelt von der Erfahrung und den Gefühlen, ein Außenseiter zu sein, der für die Wahrheit steht.

"Es war ein sehr glücklicher Zufall - ein Wendepunkt in meinem Leben, um genau zu sein. Es stellte sich heraus, dass die Außenseiter gegen die Zensur waren. Außenseiter und Selbstzensierer hatten unterschiedliche Vorstellungen von der Realität und von sich selbst." [4]

Claes Janssens Ziel war es, die Wahrnehmung des Außenseiterdaseins messbar zu machen, und dies führte zur Entdeckung zweier existenzieller Haltungen - ein Dilemma, das er wie folgt beschreibt:
"...ob man seine Erfahrung "zensiert", um sich als normal zu fühlen oder gesehen zu werden, um dazuzugehören, oder ob man gegen diese Selbstzensur ankämpft, dann aber unter der Verwirrung und dem Gefühl leidet, anders oder "seltsam" zu sein, das die nonkonformistische Haltung des Außenseiters anfangs häufig hervorruft." [5]

Seine eigenen Erfahrungen und der Austausch mit anderen zeigten, dass man nicht immer dieses -Gefühl der Unwirklichkeit- hat, neben anderen zu stehen und nicht dazuzugehören. Stattdessen fühlt man sich in anderen Situationen sehr wohl, man hat das Gefühl, dazuzugehören. Es gibt auch Situationen, in denen man ganz im Flow ist, wie zum Beispiel beim Reiten oder Segeln. Aber wie lässt sich das wissenschaftlich zuverlässig messen?

Es dauerte mehr als 10 Jahre, bis 1975, von der ersten Entdeckung im Jahr 1964 der beiden existentiellen Haltungen: der Außenseiter, die gegen die Zensur waren und der Selbstzensierer, die für eine Zensur waren bis zur Verwirklichung der Outsider-Skala. Die Idee, dass es nicht nur die Pole gibt, sondern dass es auch eine Integration gibt, weil man sich anders fühlt, wie weiter oben beschrieben, die Aufgabe erschwerte. Integration ist im Sinne der Zusammenarbeit zwischen den beiden Seiten als Teile eines Ganzen, einer Person, eines sozialen Systems wie einer Familie, eines Teams oder einer Organisation gemeint. Er zitiert Goethe *"Zwillingsseelen wohnen in der Brust. "*

Er hat oft erwähnt, dass C.G. Jung die wichtigste Grundlage sei, auf die er sich stützt. Die Arbeit vieler anderer Psychologen, Autoren und Psychotherapeuten wie Colin Wilson, R.D. Laing, Abraham Maslow, Ernest Rossi, Stanislav Grof und später auch Carl Rogers, Eric Berne, Peter Koestenbaum und Douglas McGregor trugen dazu bei, verschiedene Perspektiven auf seine Theorie zu vertiefen.

Die Forschung begann mit der Interpretation der Erfahrung des Outsiders, die als Symptom oder verborgener Wille beschrieben wurde:

1. die Empfindlichkeit
2. Vorliebe für das Gefühl und/oder die Intuition in einer Gesellschaft, die vom Denken und Empfinden beherrscht wird
3. Kreativität
4. Als Konflikt zwischen einem humanistischen Gewissen und einem autoritären Über-Ich
5. Der Wille, frei zu sein, oder zumindest frei von der eigenen Geschlechterrolle.[6]

Durch eine Reihe von Forschungsschritten gelang es ihm, den Outsider-Fragebogen und sein Bewertungsverfahren zu entwickeln. Dies war das Thema seiner Doktorarbeit. (Eine detaillierte Beschreibung findet sich in der 1975 veröffentlichten Dissertation Personal Dialectics).

Von einer komplexen Theorie zu einer einfachen auf Konsens beruhenden Theorie

In seiner Analyse der Ergebnisse des Fragebogens stellte Claes Janssen zwei Pole fest. Er bezeichnete die Pole als NEIN-Antwortende und JA-Antwortende. Er korrelierte seinen Fragebogen mit Messwerten für Kreativität, Autoritarismus, konventionelle/unkonventionelle Realitätsauffassung, Vorliebe für den Status quo oder für Veränderungen und vieles mehr, was es ihm ermöglichte, eine Skala zu entwickeln, die er später "Outsider Scale" nannte. Claes Janssen konnte einige Elemente aus der Forschung von Frank Y. Barron übernehmen, einem Pionier in der Untersuchung von Kreativität, Konformität und Nonkonformität. Außerdem bezog er sich auf Viktor E. Frankl, dessen Theorie auf der Annahme beruht, dass die stärkste Motivationskraft die Suche nach Sinn ist. Zusammen mit den im vorigen Kapitel genannten Forschern ermöglichten ihm diese Grundprinzipien ein besseres Verständnis der beiden Pole, die wir im Folgenden an einem Beispiel veranschaulichen möchten.

Wenn Sie gefragt werden, worum es in Ihrem Leben geht, was das stärkste Motiv für Sie war (unabhängig davon, ob Sie es durchdacht haben oder nicht), könnten Sie etwa so antworten: Suche nach Wahrheit oder Suche nach persönlicher Freiheit und einem gesteigerten Sinn für die Existenz?

Sie können die Frage mit JA oder NEIN beantworten, und je mehr Sie auf die 24 Fragen des Fragebogens mit JA antworten, desto mehr tendieren sie dazu ein JA Antwortender zu sein. Und je mehr Fragen sie mit NEIN beantworten, desto eher tendieren sie zu einem NEIN Antwortenden. Und das führt zu einer anderen Sicht auf das Leben oder existenziellen Haltung. Das ist das, was wir in Kapitel (2.1) genauer beschreiben, und das beeinflusst, wie wir mit Veränderungen umgehen.

Das Ziel, die Erfahrung des Außenseiters messbar zu machen, war also in Reichweite, aber für Claes Janssen nicht zufriedenstellend.

"Meine Theorie war nicht gut genug. Sie gab mir kein gutes Gefühl. Wie auch immer ich die beiden existentiellen Standpunkte und den Konflikt zwischen ihnen beschrieb, es schien, als würde ich eine von ihnen vorziehen, richtig und die andere falsch erscheinen lassen. Wenn ich mich intuitiv auf eine der beiden Haltungen einließ und sie wohlwollend und mit Respekt für diese Wahl beschrieb, dann stellte ich damit die andere in Frage - und umgekehrt. Es war ein Scyalla- oder Charybid-Dilemma." [7]

Der Durchbruch kam mit einem Experiment. Nach einem entscheidenden Hinweis von R.D. Laing, dass er wahrscheinlich nicht der einzige Mensch sei, der dieses Dilemma empfand, sondern dass auch andere Menschen dieses Gefühl hatten, begann er mit dem Experiment.

Er begann damit viele Beschreibungen von zwei hypothetischen Personen zu sammeln, die sich jeweils am Ende der beiden Pole befanden, und war überrascht, wie viele übereinstimmende oder nicht übereinstimmende Beschreibungen dabei herauskamen. Dies machte den Konflikt zwischen den hypothetischen Personen transparent, was zu einer weiteren Frage führte: Sind diese beiden Personen real? Claes Janssen beantwortet diese Frage wie folgt:

"Die übliche Antwort auf die Frage: Sind diese Figuren real? wird sowohl ja als auch nein lauten.

Man hat sich darauf geeinigt, dass es oft so aussieht, als wären sie real. Die Wahrheit ist relativ. Wir sind alle eine Mischung aus beidem, aber manche scheinen neun von zehn Fragen Nein und ein Zehntel Ja zu sein, manche neun Zehntel Ja und ein Zehntel Nein.

Situative Rahmenbedingungen werden in der Regel berücksichtigt. Wir handeln als NEIN Antwortende oder JA Antwortende abhängig von bestimmten Situationen - so wird auch der neunzehntel JA Antwortende hin und wieder als NEIN Antwortender zu handeln." [8]

Dies führte zu der Erkenntnis, dass beide Tendenzen in uns stecken und von der Situation abhängig sind. Und hier kommt die Präferenz hinzu, in welche Richtung wir uns in unserem Denken und Handeln beeinflussen lassen wollen. Darauf gehen wir in Kapitel 2.1 näher ein.

Ein weiterer wichtiger Aspekt ist, dass diese beiden Pole zu Spannungen in uns führen und ausgehandelt werden müssen. Ein Beispiel soll dies verdeutlichen: Wie verhalte ich mich, wenn ich denke, dass jemand ungerecht behandelt wird? Greife ich ein, weil es nicht richtig ist, oder schweige ich, weil ich nicht auffallen möchte und mich nicht in den Konflikt einmischen möchte?

Das ist es, was er in dem 1975 veröffentlichten Buch Personal Dialectics detailliert beschrieben hat.

Die Bedeutung der persönlichen Dialektik

Dialektik hat eine doppelte Bedeutung: Einerseits bedeutet sie die Spannung zwischen Gegensätzen "...*die Spannung zwischen den Perspektiven des JA Antwortenden und des NEIN Antwortenden, die zwei diametral entgegengesetzten Arten des Seins, der Selbstwahrnehmung, der anderen und der Gesellschaft darstellen" und andererseits verweist es auf die Kunst des Dialogs "auf die Möglichkeit eines Dialogs zwischen beide Perspektiven."* [9]

Wir werden das Verständnis der Dialektik in Kapitel 2.1 vertiefen.

Zum weiteren Verständnis möchten wir an dieser Stelle hinzufügen, dass diese Spannungen zwischen diametral unterschiedlichen Lebensperspektiven nicht nur innerhalb von Individuen entstehen, sondern auch zwischen Menschen in allen Formen, in denen sie zusammenkommen, von der Familie bis zum Arbeitsteam und darüber hinaus in der Gesellschaft, was sicherlich jeder von uns an den Einstellungen zu aktuellen gesellschaftlichen Themen, beispielsweise der Migrationspolitik oder der Nachhaltigkeit und dem Umgang damit, beobachten kann.

Akzeptiere die eigenen Unstimmigkeiten und Konflikte

Das Auftreten von Spannungen und daraus resultierenden Konflikten konnte erklärt werden, aber der nächste Schritt bestand darin, zu verstehen, wie wir besser mit diesen inneren Spannungen umgehen können, mit unserem Dissens und wie wir uns verhalten, wenn wir nicht einverstanden sind, wie andere denken und sich verhalten. Die Konflikte waren sichtbar, aber die Frage, die sich stellte, war, wie man damit umgeht, wenn jemand eine völlig andere Einstellung hat, wenn er/sie es nicht als sein/ihr stärkstes Motiv ansieht, auf der einen Seite der Außenseiterskala nach der Wahrheit zu suchen (der/die JA Antwortende) oder auf der anderen Seite der Skala (als NEIN Antwortende), wo ihm/ihr das Gefühl der Sicherheit und Zugehörigkeit zu einer Gruppe viel wichtiger ist. Dies führt zu unterschiedlichen Einschätzungen dessen, was jeder von uns tagtäglich erlebt, zum Beispiel, wie Menschen Aktivisten sehen, die für ein bestimmtes Ziel kämpfen.

Basierend auf dem Verständnis von Dialektik, das Claes Janssen von C.G. Jung übernommen hat
"der *der Ansicht ist, dass schöpferische Veränderung durch den Konflikt geschieht, wenn sie ebenbürtig sind, als ebenbürtig angesehen werden.*" [10]

Diese Annahme ist grundlegend für das Verständnis und die Arbeit mit der Theorie der Four Rooms of Change. Beide Sichtweisen auf das Leben sind als gleich wertvoll zu verstehen und keine ist besser als die andere. *Der großartige Sowohl-als-auch-Ausdruck* von C.G. Jung ist ein Grundgedanke für die Entwicklung der Theorie und die Wahrnehmung ermöglicht die Interpretation der beiden gegensätzlichen Pole in jedem Menschen, zwischen Menschen und in der Gesellschaft.

Bislang hatte er Einzelpersonen zu zwei hypothetischen Personen befragt. Der nächste Schritt bestand darin, zu analysieren, wie es erlebt wird, wenn es eine Gruppe gemeinsam erarbeitet.

Er arbeitete mit Gruppen anhand zweier hypothetischer Personen und ließ sie positive und negative Verhaltensweisen und Eigenschaften dieser hypothetischen Personen beschreiben.

Typischerweise werden die folgenden Beschreibungen genannt, und es wird deutlich, dass viele Konflikte aus den unterschiedlichen Lebensauffassungen entstehen. Die Matrix zeigt die jeweiligen Pole, d. h. wie sie sich selbst als positiv (NEIN+) und (JA+) wahrnehmen und was sie am anderen Ende der Skala als negativ empfinden.

Die Matrix der Konflikte[11]

NEIN+ (Nein über Nein)	JA+ (Ja über Ja)
<ul><li>realistisch</li><li>ruhig, stark, selbstbewusst</li><li>stabil, zuverlässig</li><li>praktisch, vernünftig, sachlich</li><li>freundlich, kooperativ</li><li>nimmt es gelassen</li></ul>	<ul><li>unabhängig</li><li>einfühlsam, fantasievoll, künstlerisch</li><li>ein Suchender, offen für Veränderungen</li><li>mutig, will Herausforderung</li><li>nicht-konform, radikal</li><li>offen, ehrlich, spontan</li><li>kreativ</li></ul>
NEIN- (Ja über Nein)	**JA- (Nein über Ja)**
<ul><li>kontrolliert</li><li>konventionell</li><li>oberflächlich, heuchlerisch</li><li>langweilig, steif</li><li>ängstlich vor Veränderungen</li><li>kann nicht mit den eigenen Gefühlen in Kontakt kommen</li><li>autoritär</li><li>mechanisch, roboterhaft,</li><li>unwirklich, zynisch</li></ul>	<ul><li>exzentrisch</li><li>unrealistisch, ein Träumer, ohne Bezug zur Realität</li><li>ein Einzelgänger</li><li>egoistisch, egozentrisch</li><li>ein Unruhestifter, eine Nervensäge,</li><li>launisch, unsicher</li><li>fehlt es an Selbstvertrauen,</li><li>verloren, treibend</li><li>blutendes Herz</li></ul>

Mit diesem Experiment bewies er, dass Gruppen die Theorie gemeinsam erarbeiten können. In den folgenden Jahren wiederholte er dies mit unterschiedlichsten Zielgruppen und es gelang ihm, sehr gleichartige Beschreibungen der vier Quadranten zu erreichen. Und ein weiterer wichtiger Effekt wurde sichtbar. Wenn die Gruppe die Beschreibung der Quadranten gemeinsam erarbeitet, wird die Fähigkeit gestärkt, bewusst mit den eigenen Unstimmigkeitsgefühlen und Konflikten umzugehen. Durch die gemeinsame Entwicklung entstehen ein Gemeinschaftsgefühl und unmittelbarer Enthusiasmus.

Es dauerte etwa sieben Jahre, bis er den Prozess der *Einführung in die Four Rooms of Change* wirklich abgeschlossen hatte. Und auch heute, im Jahr 2025, wird die Theorie auf dieselbe Weise gemeinsam entwickelt.

Eine Präsentation und Erklärung der Theorie haben nicht die gleiche Wirkung wie die gemeinsame Erarbeitung. Der Prozess der gemeinsamen Entwicklung der Theorie überzeugt in sich selbst, er integriert, schafft ein kollektives Wissen und ein Gemeinschaftsgefühl. Und das ist es, was wir, alle Autoren dieses Buches, jedes Mal erleben, wenn wir den Einführungsprozess -genannt *Introduction* durchführen. Deshalb sind wir überzeugt, dass er in der heutigen Welt wirklich hilfreich ist. Für **den Einzelnen**, für alle **sozialen Systeme**, von der Familie, Arbeitsteams bis zu Schulklassen und für die **Gesellschaft.**

Die Entwicklung der Four Rooms: Frames of Mind

Durch den Wechsel der Perspektive von der Beschreibung der Eigenschaften von Menschen zu einer Beschreibung von Innen, dem eigenen Erleben werden die Emotionen oder Gefühle sichtbar. Die Menschen beschreiben sie in der folgenden Matrix.

Matrix Frames of Mind: Beschreibung der Gefühle und Erfahrungen [12]

NEIN+	JA+
▪ selbstbewusst ▪ ruhig ▪ wirksam ▪ ein gutes Gefühl für mich selbst ▪ nützlich ▪ bequem ▪ Zugehörigkeit	▪ eifrig ▪ stark ▪ öffnen ▪ lebendig ▪ unabhängig ▪ mutig ▪ wachsend ▪ warm ▪ kreativ
NEIN-	JA-
▪ gereizt ▪ angespannt ▪ gelangweilt ▪ bestimmt ▪ hart ▪ unterdrückt ▪ gefroren ▪ gleichgültig ▪ kritisch ▪ feindselig ▪ ein Gefangener der Not	▪ beunruhigt ▪ allein ▪ frustriert ▪ gespalten, verwirrt ▪ kein Selbstvertrauen ▪ hilflos ▪ zweifelnd ▪ ausgebrannt ▪ ängstlich ▪ traurig ▪ ausgegrenzt ▪ gelähmt ▪ wurzellos

In diesem Zwischenschritt auf dem Weg zur Entwicklung der Four Rooms of Change zeigt sich auch, dass der Charakter der Räume derselbe bleibt. *"Die Stimmung oder das psychologische Energie- und Spannungsmuster innerhalb jedes Quadranten ist die gleiche, wenn auch jetzt von innen gesehen."*[13]

Auf dem Weg zum Modell der Four Rooms of Change waren die Namen für die Frames of Mind für Claes Janssen sehr klar:

NEIN - er nennt es **Selbstzensur oder Verleugnung**,
YES- nennt er **Verwirrung** und
YES+ wurde als **Inspiration oder Erneuerung** bezeichnet.

Irgendetwas fehlte, dachte er, denn niemand will in den drei oben beschriebenen Zuständen leben.

"Es schien, dass meiner Theorie ein Zahnrad fehlte, nämlich "Entspann dich, nimm es leicht" - Es gab keinen Kompromiss in der Theorie. Es gab auch keinen Platz dafür, Fehler zu machen und sich trotzdem zu mögen."[14]

Er fand den richtigen Namen auf einem Werbeplakat für Lipton-Tee in der Londoner U-Bahn.

Zufriedenheit, als ein Zustand der Zufriedenheit (mit etwas). Das fehlende Puzzlestück war gefunden, und er entwickelte das Modell der Four Rooms of Change, in dem die Erfahrungen und Gefühle der Menschen in einer Matrix dargestellt sind. Er beschloss, die verschiedenen Gemütszustände als Räume zu bezeichnen, um sie leicht verständlich zu machen. In Kapitel 2.4 beschreiben wir das Modell der Four Rooms im Detail.

Die Räume und die Bewegung zwischen den Räumen

Da sich in unserem Lebensumfeld etwas verändert, Sachen schief gehen, bewegen wir uns aus dem psychologischen Zustand der Zufriedenheit heraus. Wir alle bewegen uns durch die vier psychologischen Zustände und Stimmungen, die als die Four Rooms of Change bezeichnet werden, die in jedem von uns vorhanden sind.

Die nächste Herausforderung war die Integration der Zeitperspektive und wie wir durch die Räume gehen und in welcher Reihenfolge.

Claes Janssen nutzte mehrere Theorien und wissenschaftliche Untersuchungen, die erforschten was passiert, wenn wir durch einen dramatischen, plötzlichen Vorfall, wie z. B. einen Todesfall in unserer nahen Familie, aus unserer Zufriedenheit gerissen werden. Als Beispiel nennt er Johann Cullberg (1977) und Daniel Levinson und ihre Entdeckung, dass alle Männer eine sogenannte Midlife-Crisis durchlaufen. Er verwendet auch Ernest Rossi und seine Veröffentlichung Break Out Heuristic als entscheidende Hilfe bei der Erklärung der Bewegungen durch die Four Rooms.[16]

Aber nicht alle Veränderungen werden aufgrund einer dramatischen plötzlichen Ursache initiiert. Veränderungen können auch schrittweise erfolgen, und auch hier ist es notwendig, alle Räume zu durchlaufen, um zur Zufriedenheit zurückzukehren, und die Reihenfolge, in der man die Räume durchläuft, ist dieselbe.

Eine weitere Erkenntnis war, dass man sich je nach Kontext in verschiedenen Räumen befinden kann - in der Familie zum Beispiel im Raum der Zufriedenheit, während man sich bei der Arbeit in der Verwirrung befinden kann (Siehe Kapitel 2.5).

Die Matrix der Veränderung[17]

NEIN+ ZUFRIEDENHEIT	JA+ INSPIRATION oder ERNEUERUNG
Anpassung. Meine gegenwärtige Situation fühlt sich gut genug an, so wie sie ist. Entspannte, mühelose Selbstbeherrschung. Aufmerksamkeit auf das Hier und Jetzt gerichtet, keine ausgeprägte Selbstreflexion. "Mir geht es gut, dir geht es gut." Sich "durchschnittlich" fühlen in dem Sinne, dass man nichts Besonderes ist. Einfach da sein.	Kreativer Wandel. Integration. Das Gefühl, "alles auf die Reihe zu bekommen". Einsichten, Aha-Erlebnisse. Sich frei fühlen und ausdrücken. Intensive Erfahrung des Hier und Jetzt, mit Selbstreflexion: Ich nehme teil und beobachte, dass ich teilnehme. Starke Gefühle von Gemeinschaft. Energie. Radikale Ideen, der Wunsch, etwas zu bewegen.
NEIN- SELBSTZENSIERUNG oder VERLEUGNUNG	JA - VERWIRRUNG
Pseudo-Anpassung. Selbstdisziplin mit Schwerpunkt auf der Erledigung einer bestimmten Aufgabe oder der Verteidigung eines bestimmten Musters oder Status quo. Keine klaren Gefühle. Ich habe die Kontrolle, bin aber angespannt. Das Hier und Jetzt (falls überhaupt erlebt) fühlt sich leer und mechanisch an. Irritation. Die Aufmerksamkeit konzentriert sich auf die Aufgabe, die als notwendig empfunden wird, auf die Regeln und/oder mein Bild in den Augen des anderen, darauf, das Gesicht nicht zu verlieren. Taktische Erwägungen, etc.	Unangepasstheit. Etwas ist oder fühlt sich hier und jetzt falsch an, aber ich tue, was zu tun ist, um die Dinge richtig zu machen. Angespanntes, negatives Selbstbewusstsein mit Minderwertigkeitsgefühlen und Zweifeln, egozentrisch. Chaos. Dialektische JA/NEIN-Konflikte im Inneren oder Äußeren. Gefühle im Clinch. Ein Gefühl der Unwirklichkeit.

Ausgehend von seiner weiter oben im Buch beschriebenen Motivation ist die Entwicklung einer Theorie, die nur beschreibt, nicht gut genug. Die Theorie muss den Menschen im täglichen Leben helfen. Die Matrix der Veränderung wurde weiterentwickelt, um eine konkrete Anleitung zur Steigerung der Zeit des Wohlbefindens für jeden zu geben. Die Zeit des Wohlbefindens kann mit der folgenden Formel definiert werden:

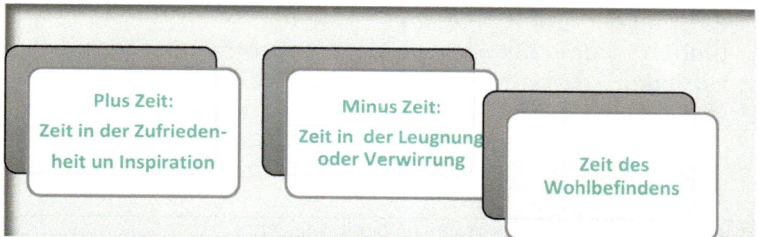

Diese Schritte und Anleitungen zur Erhöhung der Zeit des Wohlbefindens werden in Kapitel 2.6 beschrieben.

Die Problem-Situations-Matrix oder die Matrix des Willens[16]

Aufbauend auf den entwickelten Matrizen erarbeitete Claes Janssen eine weitere Matrix - die Problem-Situation-Matrix, die er auch Matrix des Willens nannte.

Claes Janssen erläutert die weitere Entwicklung wie folgt:

"Der Unterschied zwischen der ersten und der zweiten Matrix war die zeitliche Perspektive. Die JA/NEIN-Matrix beschrieb Einstellungen oder existenzielle Haltungen, die als relativ dauerhaft angesehen wurden. Die zweite, umgewandelte Matrix beschrieb die Gefühle und Erfahrungen, die als Phasen in einem Veränderungszyklus betrachtet werden. Wenn wir noch einen Schritt weiter gehen und alle vier Gefühle und Erfahrungen als zur gleichen Zeit vorhanden betrachten, können sie als Funktionen oder Aspekte einer Problemsituation wahrgenommen werden."

Die Problem-Situations-Matrix[18]

(NEIN+) SITUATION	(JA+) MÖGLICHKEITEN
▪ Was ist die Problemsituation? ▪ Wer bin ich, wer hat Probleme ▪ Was ist gut genug, so wie es ist, in der Problem-Situation - womit bin ich zufrieden?	▪ Faktoren der Stärke: Worin bin ich gut? ▪ Erinnerungen an den Erfolg. ▪ Handlungsalternativen, Ideen. ▪ Brainstorming! Alternative Reaktionen? ▪ Wer kann mir helfen? ▪ Mut, der weiterbringt, ist der Mut, ...
(NEIN-) SCHWIERIGKEITEN	**(YES-) WILL**
▪ Schwächen: Worin bin ich schlecht? ▪ Hindernisse, Realitätsbedingungen, "Entfremdungsfaktoren": Welches Wissen oder Know-How fehlt mir? ▪ Externe Konflikte: JA/NEIN? Widersprüche? ▪ Was ist richtig, Selbstzensur in der Problemsituation ▪ Die Risiken: Das Schlimmste, was passieren kann, ist... ▪ Welche (Selbst-)Disziplin ist notwendig?	▪ Was tue ich, wer bin ich in dieser Problem-Situation, was will ich? ▪ Vorgeschlagenes Motto: "Ich habe einen Traum..." ▪ Was sind meine Gefühle in dieser Problemsituation? ▪ Periphere Assoziationen? ▪ Ich versetze mich in eine Zeit in der Zukunft, wenn das Problem gelöst ist: Wie werde ich mich fühlen? Was werde ich verlieren? ▪ Interne Konflikte JA/NEIN? ▪ Versuchungen. ▪ Was will ich nicht? Wovor habe ich Angst? Was muss ich aufgeben?

Die Matrix wird nicht als **Problem-Lösungs-Matrix** bezeichnet, sondern als **Problem-Situations-Matrix**, und das hat eine besondere Bedeutung.

Wenn wir uns bei der Beschreibung der Problemsituation zu sehr auf das Problem konzentrieren, kommt es regelmäßig vor, dass wir in den Raum der Selbstzensur oder der Verleugnung geraten. Die Arbeit mit der Matrix findet nicht Schritt für Schritt statt, sondern die Gedanken springen von einem Feld zum anderen. Die Antwort auf eine Frage löst eine Antwort auf eine andere aus, so dass Reflexion und ein innerer Dialog stattfinden und zu Ideen führen, um das Problem zu lösen, wobei der Kontext berücksichtigt wird. Der **WILLE** wird im situativen Kontext von Schwierigkeiten und Möglichkeiten entdeckt und der **WILLE,** Dinge **zu verändern**, wird aktiviert.

Die Four Rooms in Organisationen

Wie bereits auf den vorhergehenden Seiten erläutert, findet der JA/NEIN-Konflikt nicht nur innerhalb einer Person statt, sondern auch zwischen Individuen und auf gesellschaftlicher Ebene. Durch die gemeinsame Entwicklung der Theorie entsteht ein gemeinsames Wissen. Und was Claes Janssen in seiner jahrelangen Praxiserfahrung beobachtet hat, ist, dass dies einen Spirit und Energie in den Teams schafft.

Er ist der Meinung, dass dies nützlich sein kann:

"um *die aktuelle Situation einer Organisation zu beschreiben,*

- *um die JA/NEIN Konflikte zu entdramatisieren,*

- *den Wandel zu katalysieren, Maßnahmen zu ergreifen"*. [19]

Unternehmen brauchen beides, Effektivität und Erneuerung, um langfristig überleben zu können. Und hier wird die Verbindung zu den Räumen der Zufriedenheit und Inspiration sehr deutlich.

Es ist wichtig, dass der Einzelne im Raum der Zufriedenheit klare Ziele hat und diese auch erreicht. Wenn dies der Fall ist, steigt das Vertrauen in das Unternehmen ebenso wie das Selbstvertrauen und die Selbstwirksamkeit auf individueller Ebene.

Wer sich im Raum der Leugnung befindet, leugnet, dass es ein Problem gibt, und genau so sieht es in Unternehmen aus. Dann werden Probleme nicht offen besprochen, sondern oft in der Kaffeeküche.

Eine Person im Raum der Verwirrung will sich verändern, weiß aber noch nicht, wie oder was genau sie tun will. Übertragen auf die Unternehmensebene bedeutet dies, dass die Strategie, die Ziele und die Verantwortlichkeiten nicht klar sind, was zu Unsicherheit führt.

Ein Mensch im Raum der Inspiration ist voller Energie und Initiative, weil er dies subjektiv als sinnvolles Leben erlebt.

Wenn das Unternehmen ein gemeinsames Ziel verfolgt, offen für neue Ideen ist und Flexibilität und Raum für individuelle Entwicklung bietet, steigt das Engagement der Mitarbeitende. Claes Janssen entwickelte bis 1985 das Barometer der Organisationsanalyse. Die heute so genannte "Situationsanalyse" misst anhand von 40 Fragen die "interne Qualität" bzw. die Unternehmenskultur.

Auch hier ist der Umgang mit cem Instrument entscheidend für den Erfolg. Aus der Überzeugung heraus, dass:

"Meine Überzeugung ist, dass Qualität, sowohl persönliche Lebensqualität als auch organisatorische Qualität, miteinander verbunden sind."[20]

Er nutzte das Instrument Situationsanalyse auch in Zusammenarbeit mit Beratern für Organisationsentwicklung, wobei die Zusammenarbeit mit Marvin Weisbord ab 1978 besonders erwähnenswert ist. In dem 1985 erschienenen Buch von Marvin Weisbord "Productive Workplaces" wurde die Four Rooms of Change Theory in verschiedenen Zusammenhängen beschrieben. Für Claes Janssen war die Art und Weise, wie die Befragung organisiert wurde und wie die Befragten in die Aufarbeitung der Befragungsergebnisse einbezogen wurden, elementar. Die direkte Auswertung und Ableitung von Verbesserungsinitiativen erfolgten immer gemeinsam mit den Befragten. Mehr Informationen dazu finden Sie in Kapitel 2.7.

Weitere Entwicklungen

Das Werk von Claes Janssen endet nicht mit dieser Theorie; er entwickelte verschiedene andere Ansätze, und es liegen schriftliche Überlegungen vor, die jedoch noch nicht überarbeitet und veröffentlicht wurden.

Hier endet diese Geschichte, und wir hoffen, dass die prozesshafte Darstellung der Theorie es ermöglicht, nachzuvollziehen, wie die einzelnen Bausteine der Theorie entstanden sind und wie sie miteinander verknüpft sind.

Wie bereits mehrfach erwähnt, laden wir Sie ein, in den nächsten Kapiteln tiefer in die Theorie einzutauchen und die praktische Umsetzung und dessen Nutzen zu erfahren. Das (gemeinsame) Erleben, wenn man sich die Theorie erarbeitet, kann dies jedoch nicht ersetzen.

Die Theorie:
Eine praktische
Alltagspsychologie

2.Die Theorie: Eine praktische Alltagspsychologie

Dr. Angelika Schrand, Anna Wilson

2.1 Die beiden Sichtweisen auf das Leben und ihre Auswirkungen auf unser Leben

Claes Janssen hat den Personal Dialectics Fragebogen entwickelt, der Ihnen hilft, Ihre eigenen Präferenzen zu entdecken und herauszufinden, wo Sie sich auf der Dialektik-Skala befinden. In seiner Theorieentwicklung identifiziert Claes Janssen die beiden Pole, die er JA Antwortende und NEIN Antwortende nennt und die zwei Sichtweisen auf das Leben beschreiben. Die Frage, die wir in diesem Kapitel beantworten wollen: Was bedeutet dies und wie wirkt es sich auf unser Leben, unsere Entwicklung und unser Verhalten in Veränderungen aus. Für uns selbst sowie in der Interaktion mit anderen.

Ein Ziel ist es, zu zeigen, wie das Wissen über die Theorie der Four Rooms of Change uns allen hilft, unsere "Zeit des Wohlbefindens" zu erhöhen. Dies wird in dieser einfachen Formel von Claes Janssen demonstriert:

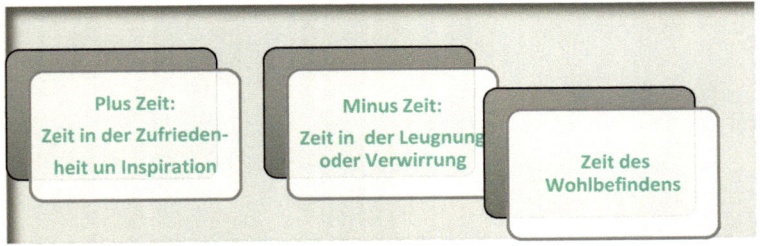

Das zweite Ziel besteht darin, die Kunst des Dialogs zwischen den beiden Sichtweisen auf das Leben in uns selbst, in Teams und in der Gesellschaft zu verbessern.

Zunächst wollen wir den Begriff der Persönlichen Dialektik, der ein zentraler Bestandteil seiner Theorie ist, näher erläutern.

Personal Dialectics

Der Titel " Personal Dialectics" bezieht sich auf die Spannung zwischen der NEIN und der JA-Perspektive, die zwei völlig gegensätzliche Sichtweisen sind, sich selbst, andere und die Gesellschaft wahrzunehmen.

Das Wort Dialektik bedeutet zum einen:

Die Spannung zwischen den Gegensätzen: die These, die Antithese und ihre mögliche Synthese.

Als innerer Konflikt kann er als Kampf zwischen gutem Urteilsvermögen und Initiativkraft erlebt werden. Er kann als Konflikt zwischen dem Status quo und der Veränderung erscheinen. Er kann als Konflikt zwischen Unabhängigkeit, Kreativität, Risikobereitschaft und Konformität, zwischen dem Wunsch, man selbst zu sein, und dem Wunsch, dazuzugehören, beschrieben werden.

Claes Janssen nannte es einfach den **JA/NEIN Konflikt**[1]:

"Wir erleben ihn täglich als einen inneren Konflikt, im Kleinen, als die Frage: Soll ich hier und jetzt sagen, was ich denke, zeigen, was ich fühle, tun, was ich tun will - oder wäre es klüger, mich zurückzuhalten?"

Der Konflikt tritt auf

- zwischen Individuen, die in den Augen des anderen die jeweiligen Sichtweisen verkörpern.
- in Teams. Sie wird sichtbar, weil es auf der einen Seite Leute gibt, die darauf bestehen, die Regeln, Prozesse und Standards zu befolgen. Auf der anderen Seite gibt es Leute, die innovativ sein wollen, weil sie glauben, dass dies effektiver ist.
- in der Gesellschaft, wo sie sich in Form von unterschiedlichen Auffassungen darüber äußert, wie man sich zu verhalten habe. Ein Beispiel ist die Diskussion darüber, wie mit der Klimakrise umgehen soll: Aktivist werden und für einen radikaleren Wandel kämpfen oder die Haltung zu vertreten nicht alles zu schnell zu verändern.

Auf der anderen Seite bedeutet Dialektik den Ausdruck, die Kunst des Dialogs. Sie verweist auf die Fähigkeit des Dialogs zwischen beiden Perspektiven. Die Kunst des Dialogs bezieht sich auf den geschickten und durchdachten Austausch von Ideen, Gedanken und Gefühlen zwischen zwei oder mehr Menschen. Es geht dabei um mehr als nur um das Reden, die Wertschätzung unterschiedlicher Perspektiven und die Offenheit für neue Ideen. Es geht um aktives Zuhören, Verstehen und Reagieren auf eine Art und Weise, die eine sinnvolle und produktive Kommunikation begünstigt.

Die dialektische Skala - Spannung zwischen Gegensätzen

Zwischen diesen beiden unterschiedlichen Lebensperspektiven kommt es häufig zu Spannungen, vor allem, wenn die Menschen ausgesprochene JA oder NEIN Antwortende sind.

Wir können die verschiedenen Lebensperspektiven auf einer Gaußkurve/Normalverteilung (der dialektischen Skala) veranschaulichen

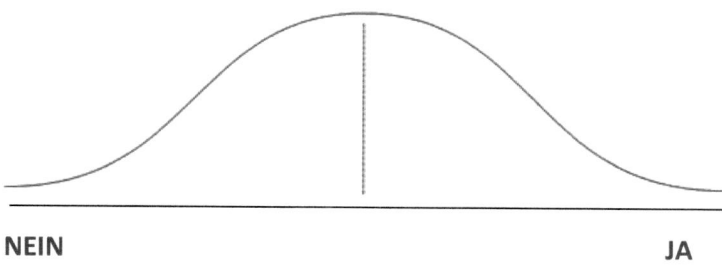

NEIN   **JA**

Diejenigen auf der linken Seite der Skala antworten häufig mit NEIN. Diejenigen auf der rechten Seite antworten oft mit JA.

Mit dem Fragenbogen Personal Dialectics (die Selbsteinschätzung besteht aus 24 Fragen) können Sie sich auf der Skala positionieren, je nachdem, wie viele Fragen Sie mit JA beantwortet haben. Die Position auf der Skala ist nicht festgelegt und was sehr wichtig ist: Keine der beiden Positionen auf der Skala ist *besser oder schlechter* als die andere. Die meisten Menschen entsprechend der Gaußschen Kurve beide Sichtweisen in sich. Wenn bspw. 14-mal mit JA geantwortet wurde, ist 10-mal mit NEIN geantwortet worden. Es ist wichtig, Zugang zu beiden Seiten zu haben.

Wir brauchen beides: JA und NEIN Teile.
JA, um sich selbst zu finden und NEIN, um praktisch im Alltag
klarzukommen.

Das Ziel ist eine hohe Integration, um Ihren persönlichen optimalen Punkt zu erreichen. Das Wort Integration bedeutet in etwa das Zusammenspiel zwischen den einzelnen Teilen eines Ganzen. Ein Beispiel zur Veranschaulichung: Wenn die Teile "NEIN" und "JA" nicht aufeinander abgestimmt sind:

Wenn Sie sich in einer Gruppe von Menschen, z.b. Ihren Freunden, befinden und das Gefühl haben, dass Sie eine Maske tragen müssen, dass Sie nicht Sie selbst sein können und nicht zeigen, was Sie fühlen, können Sie einen inneren Konflikt spüren. Ihre NEIN-Anteile dominieren in dieser Situation, und Sie fühlen sich nicht entspannt und zufrieden. Sie fühlen sich eher unwohl und blockiert. Dies zeigt an, dass Sie sich im Raum der Leugnung befinden, und nach der einfachen "Zeit des Wohlbefindens"-Formel erhöht sich dadurch die Minuszeit.

Die Arbeit mit der Personal Dialectics hilft dabei, herauszufinden, wo man sich auf der dialektischen Skala befindet, und durch vertiefende Integrationsfragen kann man die Felder entdecken, in denen man (wenn man möchte) *sich befreien* kann. Dies ist ein Ausdruck, den Claes Janssen oft benutzte, wenn er die Theorie angewendet hat. Die Arbeit mit der Theorie verändert auch die Wahrnehmung und erhöht die eigene Konfliktfähigkeit, andere Meinungen zuzuhören und das eigene Unbehagen damit zu akzeptieren.

2.2 Die Matrix der Konflikte

Wie im vorangegangenen Kapitel beschrieben, ist der weitere Schritt in der Entwicklung der Theorie die Matrix der Konflikte.

Die Position auf der Dialektischen Skala hat Auswirkungen auf uns, aber auch darauf, wie wir mit anderen umgehen. Die folgende Matrix setzt sich aus Schlüsselwörtern zusammen, die typischerweise verwendet werden, wenn JA Antwortende und NEIN Antwortende sich selbst und einander beschreiben.

Matrix der Konflikte

NEIN + (nein über nein)	JA + (ja über ja)
<ul><li>realistisch</li><li>ruhig, stark, selbstbewusst</li><li>stabil, zuverlässig</li><li>praktisch,vernünftig, sachlich</li><li>freundlich, kooperativ</li><li>nimmt es gelassen</li></ul>	<ul><li>unabhängig</li><li>einfühlsam, fantasievoll,</li><li>künstlerisch</li><li>ein Suchender, offen für Veränderungen</li><li>mutig, will Herausforderung</li><li>nicht-konform, radikal</li><li>offen, ehrlich, spontan</li><li>kreativ</li></ul>
NEIN- (ja über nein)	JA- (nein über ja)
<ul><li>kontrolliert</li><li>konventionell,</li><li>oberflächlich,heuchlerisch</li><li>langweilig, steif</li><li>ängstlich vor Veränderungen</li><li>kann nicht in Kontakt mit eigenen Gefühlen treten</li><li>autoritär</li><li>mechanisch, roboterhaft, unwirklich</li><li>zynisch</li></ul>	<ul><li>Exzentrisch</li><li>unrealistisch,ein Träumer, realitätsfremd</li><li>ein Einzelgänger</li><li>egoistisch, egozentrisch</li><li>ein Unruhestifter, eine Nervensäge</li><li>launisch, unsicher, mangelndes Selbstvertrauen</li><li>verloren, treibend</li><li>blutendes Herz</li></ul>

Die Matrix übertreibt die Kontraste etwas und unterstreicht die Tendenz, sich gegenseitig in einem negativen Licht zu sehen.

Diese Tendenz, die negativen Eigenschaften des anderen zu sehen, kann, als eine natürliche Form der *Selbstverteidigung* interpretiert werden. Sie kann auch als *Projektion* gedeutet werden. In der Psychologie bedeutet *Projektion,* dass wir anderen Gefühle und Eigenschaften zuschreiben, die wir selbst besitzen, die wir aber nicht zugeben wollen oder vor denen wir Angst haben.

Wahrscheinlich konstruieren wir das Bild des *anderen* auf der Grundlage von Gefühlen, die wir persönlich erlebt haben. Mit anderen Worten: Die Befragten, die oft mit NEIN geantwortet haben, haben sich einsam und verwirrt gefühlt, wenn sie mit JA geantwortet haben. Die Befragten, die mehr JA Antworten hatten erlebten, wenn sie mit NEIN antworteten Starrheit, Gefühllosigkeit und Oberflächlichkeit.

Diese Fremdwahrnehmung und die damit verbundene Abneigung, eigene Eigenschaften zuzugeben, führen nicht selten zu Konflikten in sozialen Beziehungen, von der Familie bis zum Arbeitsteam.

Beispiele aus dem Unternehmenskontext zeigen dies deutlich:

Menschen, die auf der persönlichen Dialektik-Skala auf der Seite der JA Antwortenden stehen, sind oft kreativ und wollen ihre Ideen umsetzen, auch auf die Gefahr hin, dass sie *Regeln und Gewohnheiten* ändern, die ihnen nicht passen. Sehr zum Missfallen der anderen, für die das wichtiger ist.

Menschen, die sich nicht auf die Veränderungen einlassen, gelten als Widerstandskämpfer. Für sie sind Stabilität, Gewissheit und Zugehörigkeit wichtig.

Die Erkenntnis und Akzeptanz, dass es zwei verschiedene Sichtweisen auf das Leben gibt und dass weder die eine noch die andere besser ist, führt zu einer anderen Art von Dialog. Das ist es, was durch die Anwendung der Four Rooms of Change Theorie erreicht werden kann. Und darüber hinaus ist die Nutzung von Vielfalt eine Stärke, wie wir auch von Diversity & Inclusion-Ansätzen wissen.

2.3 Die Matrix der Gefühle und Erfahrungen

Wir verändern die Perspektive. Anstatt die Worte in der Matrix der Konflikte als Beschreibungen von Menschen zu sehen, die von außen betrachtet werden, sollten wir sie als Beschreibungen von Gefühlen und Erfahrungen betrachten. Wir können uns dann fragen, wie sich das von innen heraus anfühlt. Dies sind Worte, die oft verwendet werden, um zu beschreiben, wie es ist, sich in verschiedenen Räumen aufzuhalten.[2]

Matrix der Gefühle und Erfahrungen

NEIN +	YES +
selbstbewusst, ruhig, effektiv, wohlfühlen, entspannt, kompromissbereit, unkompliziert, ruhend, prächtig, gesammelt, nützlich, fleißig, zugehörig, bequem, optimistisch, zufrieden, schläfrig	eifrig, stark, offen, lebendig, fähig zu tun, was ich will, leicht, "wie ein Ballon", intelligent, unabhängig, wachsend, warm, glühend, lebendig, kreativ, "high", "einfühlsam" "groovy" in Kontakt mit Gott, in Kontakt mit dem Teufel, ekstatisch, "Glaube, Hoffnung und Liebe" mutig, große Freiheit

NO-	YES-
gereizt, angespannt, gelang-weilt, berechnend, zurückge-zogen, verheiratet(!), zäh, entschlossen, die Fakten dar-legend, spießig, überlegen, abwägend, arm, gemein, wie ein Hochstapler, abstrakt, hart, versteckt, eingefroren, zögernd, verstrickt, nagend, gefesselt, "ein Gefangener der Not", hart, gleichgültig, zy-nisch, uniformiert, kritisch, feindselig, verurteilt	beunruhigt, allein, frustriert, gespalten, ängstlich, bene-belt, anders, verwirrt, kein Selbstvertrauen, ruhelos, wertlos, hilflos, ein Versager, wütend, ambivalent, wurzel-los, minderwertig, unsicher, zweifelnd, ängstlich, traurig, ausgegrenzt, "niemand ver-steht mich", ausgebrannt, ge-lähmt, "warum lebe ich?", zer-rissen, verloren, fragmentiert, im Chaos

Die Stimmung oder das psychologische Energie- und Spannungs-muster in dieser Matrix ist die gleiche wie in der "Matrix der Kon-flikte", aber von innen gesehen. Je nach Situation befinden wir uns in einem anderen Quadranten. Erweitern wir nun den Kon-text in dem Sinne, wie wir uns in dem jeweiligen Quadranten be-züglich der Veränderung verhalten, kommen wir zu der sehr be-kannten Matrix. Die Four Rooms of Change oder wie Claes Janssen es auch nannte, die vier Zustände als Räume im existen-ziellen "Seelenhaus", in dem wir alle leben.

2.4 Die Four Rooms of Change

Die Four Rooms³

NEIN + ZUFRIEDENHEIT	JA + INSPIRATION
<ul><li>Anpassung.</li><li>Meine derzeitige Situation ist schon gut genug.</li><li>Entspannte, mühelose Selbstbeherrschung.</li><li>Die Aufmerksamkeit konzentriert sich auf das Hier und Jetzt,</li><li>keine ausgeprägte Selbstreflexion. "Mir geht es gut, dir geht es gut"</li><li>Sich "durchschnittlich" zu fühlen, im Sinne von nicht besonders zu sein.</li><li>Einfach da zu sein.</li></ul>	<ul><li>Kreativer Wandel. Integration.</li><li>Das Gefühl, "alles auf die Reihe zu bekommen".</li><li>Erkenntnisse, Aha-Erlebnisse</li><li>Sich frei fühlen und das auch ausdrücken.</li><li>Intensive Erfahrung des Hier und Jetzt, mit Selbstreflexion: Ich nehme teil und beobachte, dass ich teilnehme</li><li>Ein starkes Gefühl der Gemeinschaft.</li><li>Energie. Radikale Ideen, der Wunsch, etwas zu bewegen.</li></ul>
NEIN- LEUGNUNG	JA - VERWIRRUNG
<ul><li>Pseudo-Anpassung.</li><li>Selbstdisziplin, die sich darauf konzentriert, eine bestimmte Aufgabe zu erledigen oder ein bestimmtes Muster oder einen Status quo zu verteidigen.</li><li>Keine klaren Gefühle. Ich habe die Kontrolle, bin aber angespannt.</li></ul>	<ul><li>Unangepasstheit.</li><li>Irgendetwas ist oder fühlt sich hier und jetzt falsch an, aber ich tue, was zu tun ist, um die Dinge in Ordnung zu bringen.</li><li>Angespanntes, negatives Selbstbewusstsein mit Minderwertigkeitsgefühlen und Zweifeln, egozentrisch.</li><li>Chaos.</li></ul>

• Das Hier und Jetzt (wenn überhaupt erlebt) fühlt sich leer und mechanisch an. • Irritation. • Die Aufmerksamkeit konzentrierte sich auf die Aufgabe, die als notwendig erachtet wurde, auf die Regeln und/oder mein Image in den Augen der anderen, darauf, das Gesicht nicht zu verlieren. • Taktierende Überlegungen.	• Dialektische JA/NEIN-Konflikte innerhalb oder außerhalb. Gefühle im Kampf miteinander. • Ein Gefühl der Unwirklichkeit.

Die Four Rooms in uns allen

Die Worte, die einen ausgeprägten NEIN und JA Antwortenden beschreiben, können eigentlich auf jeden von uns zutreffen. Eine Person kann zum Beispiel selbstbewusst und realistisch sein. Gleichzeitig kann er aber auch sensibel sein und der Meinung sein, dass es klug ist, gegen die Gesellschaft zu protestieren, anstatt sich einfach anzupassen. Man kann Angst davor haben, was die Leute denken und sich selbst zensieren, sich aber auch einsam, unglücklich und mit sich selbst beschäftigt fühlen.

Das obige Bild beschreibt im Grunde jeden Menschen und veranschaulicht die verschiedenen Höhen und Tiefen des Lebens.

Wir alle haben Zugang zu diesen vier "Räumen".

Aber wir verbringen unterschiedlich viel Zeit in diesen Räumen.

Eine andere Art, den Unterschied zu beschreiben, ist zu sagen, dass sich das Zentrum eines jeden Menschen in verschiedenen

Räumen befindet, und wir unsere Aufenthalte unterschiedlich erleben. Wir können die verschiedenen Räume als ZUFRIEDENHEIT (oder Anpassung), LEUGNUNG (oder Pseudo-Anpassung), VERWIRRUNG (oder Fehlanpassung) und INSPIRATION (oder kreative Veränderung) bezeichnen

Diese beschreiben verschiedene Zustände. Die Wörter in den Four Rooms bieten eine Art ganzheitliche Beschreibung einer Person, die sich in dem "Raum" oder in dem Zustand befindet. Es ist wahrscheinlich, dass eine Person, die sich im Raum der ZUFRIEDENHEIT befindet, als realistisch wahrgenommen wird, eine Person im Raum der LEUGNUNG als unsensibel, eine Person im Raum der VERWIRRUNG als selbstbezogen und eine Person in INSPIRATION als offen und kreativ wahrgenommen wird.

2.5 Bewegungen

Die Menschen bewegen sich zwischen den Räumen, während sie sich entwickeln. Diese Bewegung könnte wie folgt aussehen:

Stellen Sie sich einen Menschen vor, in diesem Fall einen Mann, der zufrieden ist. Sein Leben ist so ziemlich so, wie er es haben möchte. Es ist in Ordnung. Er kann sich in seinem Leben entspannen. Es mangelt ihm an nichts. Er nimmt die Dinge, wie sie kommen. Er mag seine Partnerin, ihre Freunde, seine Arbeit, seine Stadt und sein Boot, wenn er eins hat. Er blickt nicht neidisch auf andere Boote, wenn er mit seinem eigenen Boot unterwegs ist; dass das Boot nicht perfekt ist, hält ihn nicht davon ab, es zu lieben. Das ist ZUFRIEDENHEIT.

Aber jetzt ist etwas passiert. Das kann alles Mögliche sein. Vielleicht eine Veränderung in der Arbeit, so dass er keine Freude mehr an seiner Tätigkeit hat. Oder dass seine Beziehung ihren

Funken verloren hat, dass sie nicht mehr über wichtige Dinge reden oder gemeinsam lachen können und sich stattdessen ein langsames Schweigen ausbreitet

Der Mann hat jetzt seine ZUFRIEDENHEIT verloren. Irgendetwas fehlt in seinem Leben, aber er weiß nicht genau, was. Er hält sich weiterhin für einen Menschen, der zufrieden ist. Er tut so, als ob er zufrieden wäre. Er nimmt die Dinge nicht mehr, wie sie kommen, aber er tut so, als ob. **Er zensiert sich selbst.** Das macht ihn angespannt, unangenehm, schlecht gelaunt, was ihn unsensibel macht, weil er Angst hat, sich in seine Gefühle zu vertiefen. Wenn er sich selbst zensiert, zensiert er auch andere. Wenn er etwas vergessen will, muss er z. B. erst seine Frau zum Schweigen bringen, wenn sie etwas sagen will. Er befindet sich jetzt im autoritären Raum, in der ZENSUR oder LEUGNUNG.

Wenn jemand dort ist, weiß er normalerweise nicht, dass er dort ist. Der Grund dafür ist, dass wir Angst vor den Emotionen und Konflikten haben, die uns in den nächsten Raum, VERWIRRUNG, bringen würden, wenn wir unsere Leugnung durchbrechen. VERWIRRUNG ist die Heimat von Einsamkeit, Unsicherheit, Kontaktschwierigkeiten und Selbstbezogenheit. Es ist ein beängstigender Ort. Niemand will dort hingehen. Wenn unser Mann sich zurückzieht, wenn er denkt, dass er sich selbst zu ernst nimmt und versucht, es nicht zu tun, bleibt er in seiner autoritären Haltung stecken. Er wird starr.

Wenn er das nicht tut, wenn er denkt, was soll's, das Leben ist hart, und Konflikte gehören zum Leben dazu. Wenn er sich schwach, traurig, allein, ängstlich, verwirrt oder wütend fühlt, wird er wahrscheinlich etwas auslösen.

Wenn er denkt, dass es normal ist, eine Krise zu durchleben, und buchstäblich alle Teile seines Lebens in einem großen Durcheinander auf dem Boden in seinem Zimmer auskippt und sich niederlässt, um sie zu betrachten. Dann kann er entdecken, was ihm fehlt - welche Träume und Wünsche er aus seinem Leben verdrängt hat, welche Schwächen er zu vermeiden versucht und welches Potenzial in seinem jetzigen Leben er nicht ausschöpft

Er erkennt, dass es vielleicht klüger ist, zu versuchen, die Schwierigkeiten zu überwinden.

Diese Selbstanalyse verschafft ihm neue Einsichten und lässt ihn vielleicht sogar Inspiration, Verbundenheit und ein erhöhtes Zielbewusstsein erleben. Jetzt kann er in den nächsten Raum gehen, INSPIRATION. Hier ist er ehrlich, wissbegierig, sensibel, offen für Veränderungen und kreativ. In diesem Raum hat er eine starke Verbindung mit dem Hier und Jetzt. In seinem Zustand der Inspiration könnte es für andere schwierig sein, mit ihm umzugehen, vor allem, wenn sie den Status quo noch zensieren und verteidigen.

Diese Offenheit, Ehrlichkeit und Kreativität bergen eine Fülle von Möglichkeiten, Energie und Antrieb. Aber die Möglichkeiten lassen sich nur schwer in die Alltagsrealität zurückholen. Es ist möglich, Dinge zu ändern, aber nicht vollständig, und es braucht Zeit. Neue Kompromisse sind notwendig, und es bedeutet, dass man auf einige Möglichkeiten verzichten muss, um andere zu verwirklichen. So geht ein Stück Offenheit, Ehrlichkeit und Inspiration wieder verloren.

Hoffentlich ist unser Mann weise genug, dies zu akzeptieren und zu verstehen, dass eine realisierbare Einsicht besser ist als zehn weise, tiefe Wahrheiten, die nie zur Vollendung gelangen werden. Und jetzt ist der Mann zurück in einer neuen ZUFRIEDENHEIT. Er hat einige der schlechten Kompromisse durch andere ersetzt, er hat einen neuen Status quo, ein neues Gleichgewicht, wahrscheinlich eines, das freier ist als das alte, mehr im Einklang mit sich selbst.

Krise und Wandel

Krisen werden durch einschneidende Veränderungen der Lebens-
umstände ausgelöst, wie z. B. den Verlust des Augenlichts. Blinde
Menschen beschreiben, wie wichtig es ist, "das sehende Selbst zu
begraben", bevor man ein neues Leben aufbauen kann. Schei-
dungen und Krankheiten sind typische Krisenauslöser. Andere
Krisen sind einfach natürliche Übergänge von einer Phase zur anderen im Lebenszyklus. Es scheint, dass der Übergang eines Ein-
jährigen vom Krabbeln zum Laufen Elemente einer Krise enthält.
Die erweiterte Bewegungsfreiheit und Unabhängigkeit ist mit einer gewissen Risikobereitschaft verbunden: Man kann fallen und
sich verletzen. Der Übergang im späteren Leben, vom Kuschen
vor Autoritäten zum Einstehen für die eigenen Überzeugungen,
verkörpert denselben Konflikt. Wir haben auch die Midlife-Crisis
in der Mitte des Lebens - die eine kleine Entsprechung in der "Ur-
laubskrise" zu haben scheint, die in der Mitte eines Urlaubs auf-
tritt, die Erkenntnis, dass der Urlaub bald zu Ende geht, und dass
es gut so ist.

Paradoxerweise kann auch die Entdeckung neuer Lebenschancen
Krisen auslösen. In einem solchen Fall sieht die **Krisenkurve** in
etwa so aus

Diese Kurve stammt aus dem Buch *The Hidden Man* des Psycho-
analytikers Harald Schjelderup. Die Steigung am Anfang, bei 1,
kann manchmal viel steiler sein als im Beispiel. Er entspricht der

Entdeckung neuer Möglichkeiten, der Offenheit, dem Kontakt, der Schöpfung - kurz gesagt, dem Abenteuer, das das Menschsein eigentlich ist. Der steile Abstieg, bei 2, wird durch die Einsicht in die enormen Schwierigkeiten hervorgerufen, die die Verwirklichung dieser Möglichkeiten verhindern - persönliche Schwierigkeiten andere, die mit kulturellen und sozialen Bedingungen zu tun haben, sowie Einblicke in existenzielle Daten, die wir bisher ignoriert haben. Ein Beispiel ist die Gewissheit des Todes. Der andere und definitivere Aufstieg beginnt bei 3, wenn wir alles "begraben" haben, was wir aufgeben mussten, wie zum Beispiel verschiedene Illusionen, und begonnen haben, unsere Fähigkeit zu entwickeln, die Schwierigkeiten zu überwinden.

Die Türen zwischen den Räumen

Es ist interessant, die Übergänge zwischen den Räumen in der Matrix durch die "Türen" zwischen ihnen zu verfolgen. Wir gehen von der ZUFRIEDENHEIT in die LEUGNUNG, entweder durch einen harten Schicksalsschlag oder ohne es überhaupt zu merken. Metaphorisch gesprochen, gibt es keine wirkliche Tür, es ist eher eine Falltür. Der Übergang von der LEUGNUGN zur VERWIRRUNG erfolgt durch Langeweile, Depression, Leere, ein Gefühl von "etwas fehlt", aber was? Wenn Sie zu sich selbst sagen: Ich zensiere, ich bin eigentlich in NO-, dann haben Sie vielleicht schon begonnen, durch die Tür zu YES- zu gehen. Bildlich gesprochen, besteht die Tür aus zwei Hälften. Auf der einen Hälfte steht so etwas wie *Selbstreflexion* und auf der anderen Hälfte steht *Feedback*.

Sie gehen durch die Tür zur VERWIRRUNG, indem sie sich für die Ungewissheit und Suche (nach Wahrheit, Freiheit, Selbstfindung) entscheiden und bereit sind, alte Wahrheiten aufzugeben und altes loszulassen.

Wenn es eine Inschrift an der Tür von INSPIRATION gäbe, würde sie etwas über Mut und Objektivität aussagen. Und über das Treffen von Entscheidungen. Wenn wir wissen, was wir tun wollen, aber die Angst uns daran hindert, es zu tun; wenn wir sehen, was wir realistischerweise tun müssen, es aber auf morgen oder nächstes Jahr verschieben, weil es schwierig oder unangenehm ist, dann können wir in einem JA stecken bleiben, in einem Konflikt und in Verwirrung. Aber irgendwann muss eine Entscheidung getroffen werden, entweder durch uns selbst oder durch die "Umstände".

Die Tür zur ZUFRIEDENHEIT sagt wahrscheinlich etwas über die Notwendigkeit von Kompromissen aus. Oder dass es in Ordnung ist, die Früchte unserer Arbeit zu ernten und uns auszuruhen.

Viele laufende Prozesse

Es ist auch möglich, eine Miniversion dieser Krise zu durchlaufen - zum Beispiel in einer Woche, einem Tag oder nur ein paar Augenblicken. Vielleicht sitzt jemand in einer Gruppe, und fühlt sich abgelenkt und gelangweilt. Sie oder er versteht, dass dies ein Leugnungseffekt ist. Die Person hält ein Gefühl zurück, einen Gedanken über das, was hier und jetzt geschieht, den sie nicht ausdrückt. Sie spricht es aus und bemerkt, vielleicht zu ihrer Überraschung, dass ihr Unbehagen verschwunden ist und sie vielleicht sogar andere beeinflusst hat, so dass das Gespräch lebendig wurde.

Der Wechsel zwischen den verschiedenen Räumen erfolgt ständig und kann mehr oder weniger schnell von statten gehen. Wir können uns auch fast gleichzeitig in völlig verschiedenen Räumen aufhalten: bei der Arbeit, in der Familie, in der Freizeit und bei verschiedenen Freunden.

Die Räume und die Bewegungen zwischen ihnen

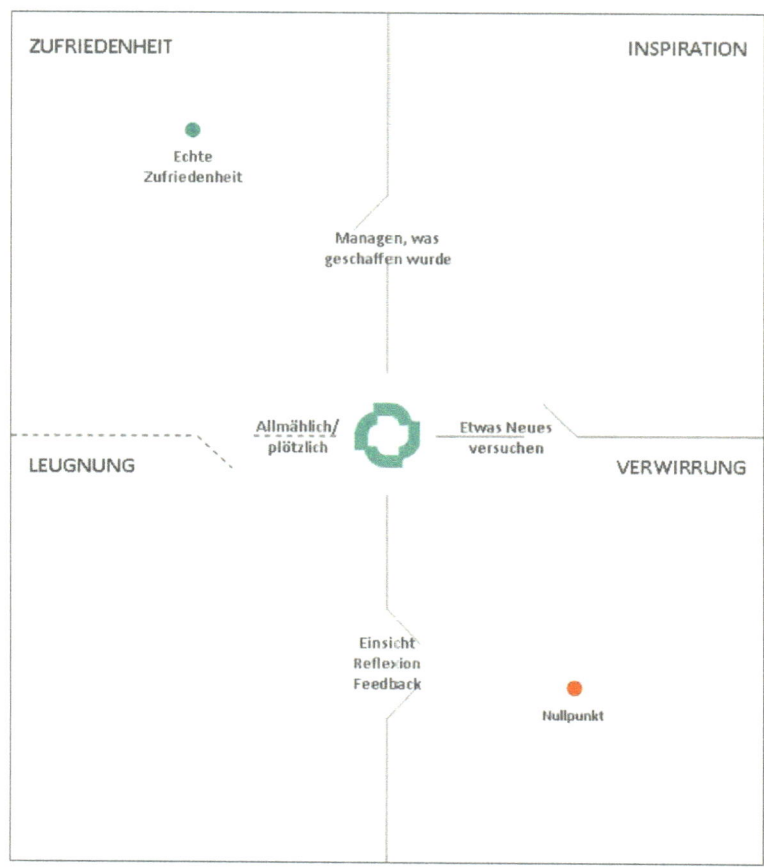

🟢 **Echte Zufriedenheit.** Alles ist super!

🟠 **Nullpunkt.** Ich akzeptiere, dass meine alte Zufriedenheit weg ist. Sie wird nicht zurückkehren, und ich bin gezwungen, eine neue Zufriedenheit zu finden.

Zwei Formen der LEUGNUNG

Es ist wichtig, zwischen zwei verschiedenen Arten der LEUGNUNG zu unterscheiden. Wir können unbewusst oder bewusst leugnen.

Unbewusst ist, wenn wir die Wahrheit vor uns selbst zensieren und nicht verstehen, dass wir leugnen. **Bewusst** ist, wenn wir die Wahrheit nicht wirklich leugnen, sondern einfach nur vermeiden, die Konsequenzen zu ziehen und danach zu handeln.

Unsere Position auf der Skala beeinflusst die Bewegungen zwischen den Türen.
Wir bewegen uns ständig zwischen den verschiedenen Räumen: ZUFRIEDENHEIT, LEUGNUNG, VERWIRRUNG und INSPIRIERUNG. Doch je nachdem, wo man sich auf der Skala befindet, nimmt man die verschiedenen Räume unterschiedlich wahr.

Wenn wir viele NEIN-Antworten haben, dann brauchen wir ein hohes Maß an Zufriedenheit, um uns gut zu fühlen. Aber wir können uns auch leicht in der LEUGNUNG wiederfinden, da wir uns oft für die LEUGNUNG entscheiden, wenn unsere Zufriedenheit bedroht ist. Für uns ist ein Gefühl der Zugehörigkeit und der Gemeinschaft normalerweise sehr wichtig. Wenn dieses Gefühl der Zugehörigkeit bedroht ist, neigen wir dazu, Kompromisse einzugehen oder unsere Meinung für uns zu behalten, wenn sie anders ist, um nicht aus der Gemeinschaft ausgeschlossen zu werden.

Wenn wir viele JA-Antworten haben, dann brauchen wir sehr viel Inspiration, um uns gut zu fühlen. Das bedeutet aber auch, dass wir mehr Verwirrung haben, da wir nicht in der Zufriedenheit verharren, sondern uns in neue, unbekannte Situationen wagen. In der Regel haben wir ein großes Bedürfnis nach Freiheit und danach, so zu leben, wie wir es für richtig halten. Wenn wir das nicht können, verlassen wir lieber die Gemeinschaft, als Kompromisse einzugehen.

Menschen, die auf der dialektischen Skala ganz links stehen (viele NEIN-Antworten) neigen dazu zu glauben, dass ihr Standpunkt der richtige ist, dass "wir in einer Gemeinschaft so denken". Menschen, die sich auf der Skala ganz rechts befinden, nehmen stattdessen wahr, dass sie mit ihren Standpunkten ziemlich allein dastehen. Aber beide Sichtweisen sind gleichermaßen verbreitet.

Freie Dialektik

Wenn wir die vier Quadranten als ein Haus mit vier Räumen betrachten, dann kann das Glück darin bestehen, die Türen offen zu lassen, um eine selbstbestimmte Bewegung zwischen den Räumen zu ermöglichen. Wir können dies als freie Dialektik bezeichnen. Die freie Dialektik setzt ein Bewusstsein und Verständnis für alle vier Haltungen voraus. Freie Dialektik ist auf allen drei Ebenen wünschenswert, innerhalb der Menschen, zwischen den Menschen und in der Gesellschaft. Eine Voraussetzung dafür ist, dass wir die negative Wahrnehmung der Verwirrung beseitigen, die uns Angst macht, diesen Raum zu betreten.

Genauso wie es wünschenswert ist, dass wir *uns selbst* eine Krise erlauben, ist es wünschenswert, Krisen als einen natürlichen Teil von zwischenmenschlichen *Beziehungen* zu betrachten. Zu einer Beziehung gehören auch Phasen der Zufriedenheit und Anpassung, der Leugnung, der Verwirrung und der kreativen Inspiration und Veränderung. Auch die Gesellschaft muss einen "Notfallplan" und die Bereitschaft zur Veränderung haben. Hier kommt die zweite Bedeutung der Dialektik ins Spiel - wie in der Kunst des Gesprächs -, denn eine direktere Kommunikation, ein kreativer Dialog zwischen JA- und NEIN-Antwortenden ist ein Weg, dies zu erreichen. Ein offener Dialog kann ungeheuer wirkungsvoll sein. Er kann an sich schon eine treibende Kraft für gesellschaftliche Veränderungen sein.

2.6 NEIN und JA - und mehr von beidem

Marvin Weisbord, ein bekannter Organisationsberater, fasste die Wirkung der Four Rooms in einem Satz zusammen. Er sagte, es sei "eine unglaublich gute Methode, um Menschen die Freiheit zu geben, zu entdecken, was im Moment passiert". Die Theorie hat zwei entscheidende Wirkungen. Die erste besteht darin, dass sie ein Verständnis für das schafft, was CG Jung als *das großartige Sowohl/Als auch* bezeichnet. Wir könnten dies umformulieren als *sowohl* NEIN *als auch* JA, und damit mehr von beidem als Chance sehen. Ein Beispiel: Hier sind zwei Fakten, die sich zu widersprechen scheinen. Wir sind alle besonders und einzigartig, gleichzeitig ist jeder von uns einfach ein ganz normaler Mensch. Es gibt keinen Menschen, der genau so ist wie Sie mit Ihren Genen und Ihren besonderen Lebenserfahrungen. Es hat noch nie jemanden gegeben, der genau so ist wie Sie, und es wird ihn auch nie geben. Ihr Leben ist ein Experiment, einzigartig für Sie. Gleichzeitig sind wir alle ganz normalen Menschen, und die Unterschiede zwischen uns sind, aus einer anderen Perspektive betrachtet, völlig vernachlässigbar. Sie sind einfach nur eine weitere Version unter Millionen und Abermillionen, die unter demselben Thema existieren: die Kunst zu leben, menschlich zu sein.

Die als negativ empfundene Originalität, wie das schmerzhafte Gefühl, anders zu sein, ist eines der Merkmale von Verwirrung und Konflikt. Ebenso ist das angenehme Gefühl der Gemeinsamkeit, im Grunde wie andere zu sein oder "einfach nur ein Mensch zu sein", zentral für die Zufriedenheit.

NEIN Antwortende scheinen die Gleichheit zu priorisieren, Gemeinsamkeiten zu bevorzugen und hier nach Wurzeln zu suchen. Dies kann sich jedoch zu einer Falle entwickeln, wenn sie dadurch den Kontakt zu ihrer Originalität verlieren, zu dem, was sie besonders macht.

JA Antwortende legen Wert auf Originalität - sie streben nach einer kreativen Ausdrucksform für das, was an ihnen besonders ist. Das kann zur Gefahr werden, wenn sie dabei den Kontakt zu ihrer Gemeinschaft verlieren.

Manche Menschen verkörpern leider das, was man als *das Elende Weder/Noch* bezeichnen könnte. Sie schaffen es weder, sich anzupassen noch eine kreative Lebensalternative zu finden

Das Wunderbare ist auch/und in diesem Zusammenhang zu wissen, dass ich sowohl gewöhnlich als auch einzigartig bin, und dass ich mich in beiden Richtungen selbst suche. Wenn ich meine Gemeinsamkeit stärker in Anspruch nehme, kann ich meine Einzigartigkeit klarer und inspirierender zum Ausdruck bringen, und je mehr ich das tue, desto zufriedener werde ich mich mit meinen Gemeinsamkeiten fühlen.

Das großartige Sowohl/Als auch[4]

mehr unbeschwerte Akzeptanz	effektiveres Fragen stellen
mehr Entspannung im Hier und Jetzt	kühnerer Zukunftsträume
mehr realistische Selbstkritik	tiefere Selbstakzeptanz
größere Extrovertiertheit	tiefere Introversion
mehr Einfachheit	mehr Offenheit für Komplexität
mehr Selbstdisziplin	mehr Eigeninitiative
mehr Respekt für Grenzen	freiere Überschreitung von Grenzen
mehr Realismus	mehr Kreativität
mehr Balance	mehr Offenheit für Veränderungen
	stärkere Individualität
tieferes Gefühl der Zugehörigkeit	
mehr Verantwortung	mehr Freiheit

Für jedes Gegensatzpaar gibt es vier mögliche Positionen. Ich kann mich sowohl realistisch als auch kreativ fühlen. Ich kann realistisch sein, aber nicht kreativ. Ich kann auch kreativ sein, aber nicht realistisch. Und schließlich kann ich weder kreativ noch realistisch sein.

Ich kann mich sowohl frei als auch verantwortlich fühlen. Ich kann verantwortlich sein, aber nicht frei. Ich kann auch frei sein, aber nicht verantwortlich. Und ich kann weder frei noch verantwortlich sein.

Die andere Auswirkung der Theorie ist, dass sie die Wahrnehmung der Menschen vom Raum der VERWIRRUNG beeinflusst, die nun als "nicht allzu schlechter Zustand" betrachtet werden kann. Die Kraft der Inspiration und Erneuerung liegt im Raum der VERWIRRUNG und im Konflikt verborgen.

Dies ist eine Lebensphase, die *"für unsere Spezies so natürlich ist wie das Atmen"*, um Weisbord erneut zu zitieren. Sie *"befruchtet Wachstum, Engagement, Kreativität, Freude, Energie und gemeinsame Verpflichtungen."*[6]

Bisher haben wir uns mit den Four Rooms in jedem von uns beschäftigt. Wie die JA/NEIN-Konflikte in uns als Individuen wirken.

Die große Leistung von Claes Janssen besteht darin, dass er die Four Rooms mit sozialen Systemen, mit Teams in Organisationen, mit Familien und mit der Gesellschaft in Verbindung bringt. Deshalb werden wir uns im nächsten Kapitel die Four Rooms in Organisationen ansehen.

2.7. Die Four Rooms in Organisationen

Die Bedürfnisse der Organisation sind ebenso wie die einer Person sowohl

> hart (effektiv zu sein)
> und
> weich (sich inspiriert fühlen).

Dies ist leicht zu erkennen, wenn wir die Organisation aus dem Blickwinkel der Theorie betrachten. Die effektive Organisation wird einen hohen Grad an Zufriedenheit aufweisen, die inspirierte Organisation einen hohen Grad an Innovationen. In diesem Blickwinkel wird die Organisation als eine Person gesehen, eine Analogie, die ihre *„organismische Realität"* lebendig macht. [5]

Was bedeutet das für die verschiedenen Räume?

Die wichtigste Voraussetzung, um zufrieden zu sein, sind realistische Ziele, über die Konsens besteht und die erreicht werden. Ein Unternehmen mit ausreichender Rentabilität zeigt, dass es an seine Realität, seinen Markt, angepasst ist. Die Mitarbeitende haben wahrscheinlich Vertrauen zueinander und zu ihrem Management, so wie ein zufriedener Mensch Selbstvertrauen hat. Die Atmosphäre ist entspannt.

Eine Person in der Leugnung schottet sich von Problemen ab. Entweder werden nicht alle Aspekte der Situation verstanden, oder sie werden zwar verstanden, aber die Person zieht nicht die Konsequenzen aus dem, was sie sieht. Wenn sich eine Organisation in der Leugnung befindet, werden ernste Probleme wie Gerüchte und Tratsch zwar behandelt, aber nicht in Sitzungen, in denen sie angesprochen werden sollten. Es gibt große Informationslücken in alle Richtungen. Die Atmosphäre ist angespannt, irritierend oder langweilig. Es gibt zwar Regeln und Vorschriften, aber sie sind nicht gut durchdacht und funktionieren nicht. Risikobereitschaft wird nicht gefördert; nichts zu tun und Kritik zu vermeiden wird dem Versuch und dem Risiko eines Scheiterns vorgezogen. Taktische Überlegungen haben Vorrang vor Qualität und persönliche Ziele haben Vorrang vor denen der Organisation.

Eine Person in der Verwirrung ist durch Konflikte gespalten. Eine Organisation in Verwirrung zeichnet sich durch mangelnde Integration aus. Es mangelt an Einheitlichkeit in Bezug auf Ziele, Prioritäten und Vorgaben, oder die Ziele werden gar nicht erreicht. Es gibt Mängel in der Zusammenarbeit; die rechte Hand weiß nicht, was die Linke tut. Es kommt zu offenen Konflikten, Revierkämpfen und mangelnder Ordnung. Ein Unternehmen, in dem die Verwirrung stärker ist als die Zufriedenheit, steckt in der Krise und weiß das auch.

Ein Mensch wird durch sein Lebenskonzept inspiriert; ein Unternehmen wird durch sein Geschäftskonzept, seine Vision inspiriert. Eine stark inspirierte Organisation gibt ihren Mitarbeitenden Raum für Eigeninitiative und kreative Ideen. Sie zeichnet sich durch offene Kommunikation in alle Richtungen aus. Jeder hört sich die Ideen der anderen an. Die Arbeit fühlt sich spannend an, und die Organisation ist offen und flexibel.

Gruppen in den Four Rooms

ZUFRIEDENHEIT	INSPIRATION
<ul><li>wir sind zufrieden, produzieren und liefern</li><li>wir wissen, was wir tun,</li><li>wir vertrauen uns gegenseitig</li><li>wir haben die Kontrolle</li><li>wir sind mit unserer Arbeit zufrieden</li><li>wir arbeiten effizient</li><li>die Teammitglieder mögen sich gegenseitig</li><li>wir arbeiten unkompliziert zusammen</li></ul>	<ul><li>der Beruf ist mit neuen Herausforderungen verbunden</li><li>wir haben neue Visionen und Strategien</li><li>nichts ist unmöglich ist ein typischer Spruch</li><li>wir hören uns die Ideen der anderen an und tauschen sie aus</li><li>Keiner will abends nach Hause gehen</li></ul>
LEUGNUNG	VERWIRRUNG
<ul><li>wir haben Probleme, erkennen sie aber nicht an</li><li>wir übersehen Signale von außen</li><li>wir werden von unseren Konkurrenten überrollt</li><li>wir sind unzufrieden mit dem, was wir schaffen</li><li>wir hören uns nicht gegenseitig zu</li><li>wir hören nicht auf unseren Chef</li><li>wir arbeiten mechanisch, roboterhaft,</li><li>es wird zynisch geredet</li></ul>	<ul><li>wir wissen, dass wir Probleme haben</li><li>wir wissen nicht, wie wir sie lösen können</li><li>wir haben viele unbeantwortete Fragen, wer was tun soll</li><li>wer kann entscheiden?</li><li>was sind unsere Ziele?</li><li>was müssen wir tun?</li></ul>

Bewegung von Teams und Organisationen

Eine Organisation bewegt sich etwas anders als eine Person. Das bedeutet unter anderem, dass Zufriedenheit und Inspiration miteinander verbunden sind und sich gegenseitig folgen. Gleiches gilt für die Leugnung und Verwirrung, aber sie verstärken sich gegenseitig negativ.

Wenn die Erfahrungen von Leugnung und Verwirrung in einem Team zunehmen, bedeutet dies fast immer, dass Zufriedenheit und Inspiration abnehmen. Umgekehrt gilt dasselbe: Wenn Erfahrungen in Zufriedenheit und Inspiration zunehmen, sinken in der Regel Leugnung und Verwirrung.

Bedeutung der verschiedenen Bewegungen

Der Unterschied zwischen der Bewegung von Einzelpersonen und Organisationen ist wichtig. Wenn Sie sich in einer kritischen Situation mit dem Unternehmen befinden, bedeutet das nicht, dass alle Menschen in der Leugnung sind. Und was Plagiate wie bspw. House of Change vorschlagen, alle aus dem Raum der ZUFRIEDENHEIT zu bringen ist nicht nützlich - im Gegenteil, es schadet der Organisation.

Wenn man versucht, alle Menschen gleichzeitig in den Raum der Leugnung zu bekommen, was übrigens nicht möglich ist – wie wir vorher dargestellt haben -, hat das einen negativen Effekt auf die Organisation. Menschen, die sich noch im Raum der Zufriedenheit befinden, sind noch "produktiv". Einige Menschen sind vielleicht schon in der Inspiration, und es ist vorteilhaft, Menschen in den verschiedenen Räumen zu haben, um voranzukommen und zu handeln.

Gewinnung von Selbsterkenntnis in der Organisation und Förderung von Veränderungen

Die Arbeit mit Gruppen ist mit verschiedenen Instrumenten möglich, die Claes Janssen entwickelt hat. Mit dem Instrument Situationsanalyse oder Pulsmesser können Vorgesetzte und Teams die aktuelle Situation beschreibbar und transparent machen. Die Teammitglieder müssen 40 Fragen beantworten (10 für jeden Raum) und arbeiten direkt mit dem Ergebnis weiter. Es wird eine organisatorische Selbsteinschätzung der gegenwärtigen Situation der Organisation gewonnen. Die organisatorische Realität wird so beschrieben, wie sie kollektiv gefühlt und erlebt wird. Four Rooms bietet die Möglichkeit, die komplexe emotionale Situation mit vier Worten zu beschreiben und zu bearbeiten, ohne etwas Wesentliches auszulassen. Es zeigt - in welchem Raum sich die Menschen gerade befinden und wie sie handeln und als Nutzen für das Management macht es die Gedanken und Gefühle transparent - **es liefert eine Landkarte und einen Kompass.**

Diese Effekte sind nur möglich, wenn die Common-Sense-Theorie zuvor gemeinsam entwickelt wurde. Das ist entscheidend, denn durch die gemeinsame Erarbeitung der Theorie, durch das Verstehen der verschiedenen Sichtweisen auf das Leben, entsteht eine gemeinsame Sprache, Energie und die gemeinsame Bereitschaft, etwas zu verändern. **Das katalysiert den Wandel, bringt ins Handeln.**

Der beschriebene Prozess stärkt zudem **den entscheidenden Faktor für Zufriedenheit am Arbeitsplatz** - die relative Selbstbestimmtheit, die man über seine persönliche Situation hat.

NICHTS zu tun als Folge der JA/NEIN Konflikte in Organisationen.

Die Arbeit mit Four Rooms entdramatisiert die JA/NEIN-Konflikte. Anstelle des verbreiteten Entweder-oder-Denkens, das so häufig in eine Sackgasse führt, wird ein natürliches Verständnis für das bereits beschriebene Sowohl-als-auch entwickelt.

Claes Janssen skizzierte, dass wir in einer Welt der Konflikte leben: *"Wir machen es uns gegenseitig unangenehm. Die Four Rooms of Change werden daran nichts ändern. Aber sie werden die Schwierigkeiten leicht verständlich machen. Den JA/NEIN-Konflikt sofort zur Sprache zu bringen und einen Konsens darüber herzustellen - was zeigt, dass es sich um Dinge handelt, die wir alle kennen, die wir in zahlreichen Situationen erlebt haben - scheint sie besser zu "entdramatisieren". Die Konflikte werden als natürlich, als eine Tatsache des Lebens dargestellt, so dass es nicht seltsam, sondern ganz verständlich ist, dass wir uns gemeinsam unwohl fühlen. Wenn wir uns auf unsere Meinungsverschiedenheiten einigen, sind wir gezwungen, die Konsequenzen zu tragen. Na gut, wir fühlen uns unwohl - na und? Es gibt eine Aufgabe zu erledigen."*[7]

Nichtstun ist keine Option, sondern wir müssen ins Handeln kommen, indem wir lernen:
Die eigenen „Unstimmigkeiten und Konflikte zu akzeptieren.

Claes Janssen schrieb dies 2011 und bezog sich dabei zum Beispiel auf die Klimakrise. Die Herausforderungen, mit denen wir alle konfrontiert sind, nehmen zu: Klimakrisen, Kriege, Transformationen durch digitale Innovationen und KI und so weiter.

Am Ende des Theorieteils möchten wir noch einmal auf unsere Motivation für die Veröffentlichung dieses Buch hinweisen.

Die jahrzehntelange Arbeit mit Four Rooms in den unterschiedlichsten Organisationen, Unternehmen, Schulen, Institutionen und Kulturen hat gezeigt, dass es dem Einzelnen hilft, **mit Entwicklung und Veränderung umzugehen**, und dass die „gesunde Menschenverstands -Theorie" ein pragmatischer Katalysator sein kann, um mehr **Gemeinschaftsgefühl zu** schaffen.

Four Rooms
in der Praxis

3. Four Rooms in der Praxis

In diesem Kapitel werden praktische Beispiele beschrieben, die von verschiedenen zertifizierten Anwendern in verschiedenen Ländern und Kontinenten und mit unterschiedlichen Zielgruppen – Student:innen, Meistern, Manager:innen und Sportler:innen - durchgeführt wurden. Ziel ist es, zu zeigen, dass Four Rooms in einer Vielzahl von Kontexten eingesetzt werden kann. Zertifizierte Anwender:innen der Four Rooms laden ein, in ihre jeweiligen Entwicklungsprozesse einzutauchen und teilen ihre Reflexionen. Sie zeigen, wie hilfreich die jeweiligen Teilnehmenden die Four Rooms fanden, wo es Hindernisse gab und auch wie sie sich als Berater, Führungskräfte oder Coaches fühlen, wenn sie die Four Rooms nutzen.

3.1 So, ich bin immer noch in der Leugnung!
Klärung der Coaching-Ziele

Dr. Doris Yuan

In diesem Coaching-Fall geht es darum, wie ich dem Coachee geholfen habe, die "Four Rooms of Change " zu nutzen, um angesichts der Veränderungen am Arbeitsplatz Einblick in ihren wahren emotionalen Zustand am Arbeitsplatz zu gewinnen und schließlich die Coaching-Ziele zu klären.

Einblicke während des Coachings

Bei denjenigen Coachees, die schnell handeln wollen, müssen die Coaches den Mut haben, die "Pausentaste" zu drücken und sie zu begleiten, um zu "sehen", was die Motivation hinter dem schnellen Handeln ist. Manchmal ist schnelles Handeln nur ein Weg, um ein verborgenes Gefühl der Verwundbarkeit zu "vermeiden". Sie neigen dazu, aus der Angst heraus zu handeln, die sie empfinden, wenn sie von ihren eigenen Gefühlen oder denen anderer Menschen überwältigt werden. Sie schließen einfach die Augen und verdrängen ihre Gefühle. Dies ist jedoch eher ein unbedachtes "um den heißen Brei herumreden" als ein wirklicher Schritt nach vorne durch den Nullpunkt.

Kunde

Die Coachee ist eine Frau, die für ein amerikanisches Unternehmen in China als Finanzmanagerin arbeitet. Das Unternehmen hat ein sechsmonatiges Coaching-Programm für sie organisiert, um ihre Führungsqualitäten zu verbessern. Sie ist sehr intelligent und rational und verfügt über eine hohe Handlungskompetenz. Während des Coaching-Prozesses in den letzten vier Monaten hat sie viele Einsichten und Maßnahmen gewonnen, und ihre Verbesserung der Führungsqualitäten wurde von ihrem Chef und ihren Kollegen anerkannt.

Der Coaching Ablauf

Coachee: In dieser Coaching-Sitzung möchte ich sie bitten, mir dabei zu helfen, meinen Blick angesichts der aktuellen operativen Schwierigkeiten ein wenig zu erweitern, um zu sehen, was wir im Finanzteam noch tun können.

Doris: Was hat Sie dazu bewogen, dieses Thema aufzugreifen?

Coachee: Die Marktbedingungen in unserer Branche haben sich seit Ende 2023 tatsächlich verschlechtert. Vor allem in den letzten drei Monaten sind unsere Umsätze dramatisch zurückgegangen, und mit all den steigenden Kosten im Betrieb hat das Unternehmen große Verluste gemacht. Auf der Sitzung des Management-Teams in der letzten Woche schlug der Generaldirektor sehr plötzlich zwei Verbesserungen vor: erstens Preiserhöhungen für einige Produktlinien und zweitens Gehaltskürzungen für alle Mitarbeitende. Er sagte, dies sei ein Vorschlag, den unsere

Finanzabteilung nach einer Analyse der Situation gemacht habe. Ich stimme zu, dass die Kosten gesenkt und die Effizienz gesteigert werden müssen, aber ist es angesichts des derzeitigen schlechten Marktumfelds überhaupt möglich, die Preise zu erhöhen? Wird eine vollständige Kürzung der Lohnsumme dazu führen, dass einige hochqualifizierte Mitarbeitende uns verlassen? Wie können all diese Vorschläge ohne vorherige Analyse gemacht werden? Ich habe in den letzten Tagen darüber nachgedacht und einige Ideen entwickelt, aber ich glaube nicht, dass sie ausreichen, und mein Kopf ist manchmal etwas benebelt. Deshalb möchte ich Sie bitten, mir zu helfen, meinen Horizont zu erweitern und zu sehen, ob es einen besseren Weg gibt.

Doris: Es tut mir leid, die schlechte Nachricht zu hören. Sie haben gerade das Wort „benebelt" erwähnt, geht es Ihnen nicht gut?

Coachee: Ich habe keine körperlichen Probleme, aber ich habe einfach das Gefühl, dass mein Gehirn durcheinander ist, ich kann nicht klar denken und mich nicht über längere Zeiträume konzentrieren. Wie soll ich sagen, es ist, als würde ich nachts nicht gut schlafen und dann morgens mit einem vernebelten Kopf aufzuwachen.

Doris: Wie haben Sie in letzter Zeit geschlafen?

Coachee: Nicht so schlecht. Na ja, eigentlich nicht so gut. Ich habe nachts Träume gehabt, ein paar seltsame, aber ich kann mich nicht erinnern, um was es ging. Ich wache zwar jeden Morgen müde auf, aber ich bin sicher, dass das kein körperliches Problem ist.

Doris: Eine andere Sache, auf die ich in Bezug auf Ihre obige Schilderung neugierig bin, ist, wie Sie sich gefühlt haben, als der GM Sie beim Management-Meeting zum Sündenbock machen wollte.

Coachee: Gefühle, was? ...... (Schweigen). Na ja, da war schon ein bisschen Schock und Wut. Aber jemand hat ihn zum GM ernannt! Und in der Vergangenheit war er irgendwie nett zu mir. Ein Mitarbeitender ist von Natur aus ein Sündenbock für den Chef!

Doris: Erinnern Sie sich an die Theorie der Four Rooms of Change, über die wir schon einmal gesprochen haben? Wie würden Sie Ihren emotionalen Zustand beschreiben, wenn Sie diese Theorie anwenden?

Coachee: Vor der Besprechung befand ich mich im Raum der Zufriedenheit, und nachdem mein Chef in der Besprechung zwei Vorschläge gemacht hatte, wurde ich in den Raum der Leugnung "geschleudert". Ich war ein wenig wütend, aber ich wusste, dass der Chef seine Argumente haben musste; und ich musste die Tatsache anerkennen, dass der Mitarbeitende der "Sündenbock" des Chefs war, also ging ich in den Raum der Verwirrung und begann zu überlegen, wie ich einen Ausweg finden könnte. Das war's!

Doris: Sie klangen sehr stark, als Sie sagten: "Der Mitarbeitende ist der Sündenbock für die Chef". Merken Sie das auch?

Coachee: Ist es das? Vielleicht! Aber das Wichtigste ist, dass wir eine Lösung finden, und ich möchte nicht, dass die Leute tatsächlich eine Lohnkürzung bekommen.

Doris: Was für eine Situation würden Sie vorfinden, wenn die Leute eine Lohnkürzung bekommen würden?

Coachee: Tja ...... Ich würde von allen beschuldigt werden; in der Tat beschuldigen mich viele Leute jetzt hinter meinem Rücken.

Doris: Schmerzen Sie diese Vorwürfe? Gibt es noch andere Konsequenzen, die Sie fürchten?

Coachee: Es ist definitiv schmerzhaft! Ich möchte nicht, dass das passiert, weil es weh täte! Also zurück zu meinem Thema, Lösungen zu finden.

Doris: Ich höre, dass Sie ängstlich sind, aber in den Four Rooms of Change müssen wir den Nullpunkt überwinden, um wirklich voranzukommen. Haben Sie Ihren Nullpunkt schon gefunden?

Coachee: Der Nullpunkt bedeutet, dass ich nicht zu meiner früheren Zufriedenheit zurückkehren kann, und ich muss das akzeptieren. Ich weiß, dass ich das muss!

Doris: Wo akzeptieren Sie, dass Sie nicht mehr zurückkönnen?

Coachee: Ich kann nicht mehr zu der Zeit zurückkehren, als es marktseitig noch gut lief und alles dadurch einfacher war.

Doris: Erinnern Sie sich an das Hochhaus in den Four Rooms? Wir können uns auch in völlig unterschiedlichen Räumen befinden, wenn wir uns in verschiedenen Situationen oder Beziehungen befinden, z. B. bei der Arbeit, in unseren Familien, in unserer Freizeit, mit verschiedenen Freunden usw. Es ist, als hätten wir ein Hochhaus in uns, und wenn wir mit verschiedenen Situationen oder Beziehungen konfrontiert sind, befinden sich unsere Emotionen in verschiedenen Räumen auf verschiedenen Etagen. In ihrer heutigen Geschichte geht es um ihre Beziehung zu ihrem Chef, ihre Beziehung zu ihrer Arbeit, die Situation, in der sie von ihren Arbeitskollegen beschuldigt werden und so weiter. Können wir damit beginnen, uns anzusehen, in welchem Raum sich ihre Beziehung zu ihrem Chef befindet?

Coachee:...... (Schweigen). Beziehung zu meinem Chef......, daran habe ich noch gar nicht gedacht.

Doris: Sie haben vorhin erwähnt, dass er irgendwie nett zu ihnen war, und als er sich seiner Verantwortung ihnen gegenüber entzog, haben sie nichts gesagt, obwohl sie wütend waren. Haben Sie nach diesem Treffen mit ihm schon mal wieder gesprochen? Egal über welches Thema? Wie war Ihr Gemütszustand, als Sie mit ihm gesprochen haben?

Coachee: Wir müssen miteinander sprechen, schließlich bin ich die Finanzmanagerin und er ist der Geschäftsführer. Aber ich habe den Eindruck, dass ich etwas zurückhaltend bin, wenn ich mit ihm spreche, und ich scheine es eilig zu haben, wenn ich kommuniziere. Heute Morgen bei der Besprechung hat er mich auch gefragt: "Sie haben in letzter Zeit wohl nicht gut geschlafen? Warum sind Sie so wütend und sehen so müde aus"?

Doris: So, was Ihre Beziehung zu Ihrem Chef angeht, wo werden Sie sich in den Four Rooms positionieren?

Coachee: Das ist irgendwie schwierig! Ich habe in der Vergangenheit nicht wirklich über meine Beziehung zu meinem Chef nachgedacht, es ist einfach eine Arbeitsbeziehung, und er hat mich irgendwie geschätzt. Er hat mir die Möglichkeit gegeben, in diese Position befördert zu werden und ich habe die Chance, gecoacht zu werden. Ich denke also, ich sollte seinen Respekt und sein Vertrauen verdienen. Ich habe seine Entscheidungen bei der Arbeit immer unterstützt und war immer entschlossen, sie auszuführen. Sogar bis jetzt! Es scheint, als sollte meine Beziehung zu meinem Chef immer zufriedenstellend sein, oder?

Doris: Im letzten Satz scheinen Sie eher eine Frage gestellt zu haben, als klare Aussagen zu formulieren. Sie haben zweimal das Wort "sollte" benutzt. Was hat das alles zu bedeuten?

Coachee: Wirklich? Das ist mir gar nicht aufgefallen. Was soll das alles bedeuten? ...... (Schweigen) Es scheint, dass meine Beziehung zu meinem Chef nicht so harmonisch ist, wie ich dachte! Vorher, ich meine vor diesem Treffen, war ich aus meiner Sicht mit dieser hierarchischen Beziehung zufrieden. Aber als er sich in dieser Sitzung vor seiner Verantwortung mir gegenüber drückte, wurde ich wütend auf ihn und vermied es, mich mit ihm eingehend zu unterhalten. Bedeutet das, dass ich mich in meiner Beziehung zu meinem Chef im Raum der Leugnung befinde?

Doris: In der Tat! Sie haben vorhin erwähnt, dass Sie sehr seltsame Träume hatten, dass Sie nicht wirklich mit ihrem Chef sprechen wollen, dass Sie dazu neigen sich zu beeilen, wenn Sie mit ihm sprechen, usw. All diese Verhaltensweisen deuten darauf hin, dass es was gibt, wovor Sie weglaufen, was Sie nicht sehen wollen. Das Wichtigste ist also: Wovor flüchten Sie? Welchen Realitäten möchten Sie sich nicht stellen?

Coachee: Gute Frage! Ich habe nie darüber nachgedacht, wovor laufe ich weg? Womit bin ich nicht bereit, mich auseinanderzusetzen? Das ist eine wichtige Frage.

Doris: Ja, erinnern Sie sich, dass wir vorhin darüber gesprochen haben, dass es bei Führung nicht nur darum geht, Mitarbeitende zu führen, sondern auch Vorgesetzte zu managen. Da habe ich bei Ihnen ein Muster erkannt: Sie vermeiden es, sich Autoritäten zu widersetzen, selbst wenn sie im Unrecht sind. Um die harmonische Beziehung zu diesen Autoritäten aufrechtzuerhalten, schließen Sie die Augen davor und tun so, als würden Sie ihr unangenehmes Gefühl nicht wahrnehmen. Dieses Thema ist mir heute wiederholt ins Auge gesprungen. Sollten wir dieses Muster heute vertiefen?

Coachee: Ja, ich denke auch, dass dieses Thema viel wertvoller ist als mein Vorheriges, und ich möchte mehr verstehen, warum ich das Muster habe, den Widerstand gegen Autoritäten zu vermeiden. Ich möchte auch herausfinden, wovor ich in meiner Arbeit mit Chefs davonlaufe und wie ich dieses Muster ändern kann.

Meine Überlegungen:

1. Das "Hochhaus" der Theorie, viele gleichzeitig laufende Prozesse auf den verschiedenen Etagen des Lebens hilft uns, Emotionen aufzuschlüsseln, anstatt Zufriedenheit oder Unzufriedenheit zu verallgemeinern oder Emotionen über eine Beziehung auf eine andere zu übertragen. Diese Unterscheidung ist wichtig und hilfreich, um dem Coachee zu helfen, die Emotionen in verschiedenen Situationen zu klären.

2. Innezuhalten und im Raum der Leugnung tiefer zu graben, kann dem Coachee helfen, viele seiner "zugrunde liegenden automatischen Muster" zu erkennen, und diese Art des Grabens kann zu radikaleren Veränderungen führen.

3. Bei dieser hochgradig offenen Teilnehmerin könnte ich vielleicht direkter auf den Punkt kommen und ihr ein direktes Feedback zu ihrer Beziehung zu ihrem Chef geben, anstatt um eine Klärung zu bitten.

4. Bei der anschließenden Erkundung der "automatischen Muster" wurden die Four Rooms und die Werkzeuge der Psychodynamik eingesetzt. Diese Kombination machte die Erkenntnisse für den Coachee greifbarer.

3.2 Integration der Four Rooms in Leadership-Programme im Produktionsbereich

Jens Witte

Die oft unterschätzte Führungsrolle in der Produktion

Die Rolle einer Führungskraft in der Produktion ist besonders anspruchsvoll und wird oft unterschätzt. Die Arbeit ist hochgradig technisch und von Messwerten und Transparenz geprägt. Führungskräfte müssen oft große Teams von 30 bis 150 Personen mit unterschiedlichen Werten, Sprachen, Religionen und Kulturen führen. Gleichzeitig müssen sie sehr transparent über ihre Leistung sein, denn es geht um Zahlen, Quantität und Qualität. Diese Transparenz reicht bis zur minutengenauen Pausenplanung, was in anderen Bereichen oft nicht der Fall ist.

Ein großer Teil der Herausforderung besteht darin, dass Führungskräfte in der Produktion stark von außen kontrolliert werden und sehr reaktiv handeln müssen, vor allem im Schichtbetrieb. Wenn ich Führungskräfte frage, was für sie die wirklichen Höhepunkte ihrer täglichen Führungsarbeit sind, lauten eine der wichtigen Höhepunkte immer: wenn alles reibungslos läuft und kein Chaos herrscht.

Die Entwicklung in die Führungsverantwortung kann durch Mentoring und Training unterstützt werden. Wenn ich aber Leute in einem Seminar sitzen habe, die sagen: "Es ist toll, dass ich das lerne, aber ich darf es nicht anwenden, oder mein Chef will nicht, dass ich mit meinen Leuten spreche, oder ich werde nicht daran beteiligt, Managemententscheidungen zu hinterfragen", dann nützen Mentoring und Training wenig. Es ist wichtig, dass nicht nur die neuen Führungskräfte, sondern auch ihre Vorgesetzten einbezogen werden, und das folgende Praxisbeispiel zeigt, wie dies unterstützt werden kann: Eine Gruppe von Führungskräften arbeitet zusammen, um das Problem der exzessiven Handynutzung durch Mitarbeitende anzugehen. Während einer längeren Diskussion in einer Trainingsgruppe von 12 Personen wurde, deutlich, dass es unterschiedliche Meinungen darüber gab, wie lange und in welchen Situationen Handys benutzt werden sollten. Andere Fragen, die aufkamen, waren

Wie könnte eine solche Regelung dazu aussehen?
Wie kann sie jetzt umgesetzt werden?
Wie kommuniziert man das?

Die Gruppe beschloss, dieses Thema parallel zur Lernreise zu bearbeiten, um Regeln zu entwickeln und umzusetzen. Dazu gehörten das Umfeld, die eigenen Führungskräfte, die Personalabteilung und der Betriebsrat sowie eine gemeinsame Überprüfung der veralteten Betriebsvereinbarung, die das Tragen von Kameras gänzlich untersagte und zur fristlosen Kündigung führte. Das Ende der Learning Journey wurde so gewählt, dass das letzte Unterstützungsmodul nach Abschluss einer Betriebsvereinbarung zum Thema stattfand, um ein gemeinsames Verständnis zu gewährleisten und die Diskussionen mit den Mitarbeitenden zu besprechen. Solche in die Learning Journeys integrierten Praxisprojekte helfen, konkrete Probleme zu lösen und unterstützen die Führungskräfte in ihrer Entwicklung und bei der Übernahme von mehr Verantwortung. Zusammenfassend lässt sich sagen, dass die Ausbildung und Unterstützung in den Produktionsbereichen immer sehr praxisnah sein muss.

Kann Janssen's Model® die Four Rooms in der Produktion eingesetzt werden?

Als ich 2018 eine Four-Rooms-of-Change-Zertifizierung gemacht habe, dachte ich: Oh Gott, das funktioniert nicht für Führungskräfte im Shopfloor und fragte mich, ob es nicht zu abstrakt für Produktionsbereiche sei. Wenn ich mit Fragen um die Ecke komme wie: Was ist der Sinn des Lebens? Ist das zu weit weg von der Praxis und ich dachte, okay, das ist ein spannendes Feld, aber es ist wahrscheinlich nicht das Richtige für den Produktionsbereich, der sich mit etwas Greifbarem beschäftigen will.

Ich war sehr skeptisch, ob das zusammenpassen würde, aber ich wollte es trotzdem ausprobieren. Jetzt habe ich die Einführung - die Introduction der Four Rooms of Change mit mehr als 70 Gruppen durchgeführt und **es funktioniert hervorragend!**

Es ist immer wieder inspirierend zu sehen, wie intensiv sich die Teilnehmer einbringen und wie viel sie damit erreichen können. Den Meistern/ Schichtleitern wird wirklich bewusst, wie die soziale Struktur in ihren Teams aussieht und dass es viel zwischenmenschliche Interaktion gibt. Sie machen sich viele Gedanken darüber, wie sie Konflikte minimieren und die Atmosphäre verbessern können.

Four Rooms hilft ihnen sehr, denn es ist ein klares Modell, das schnell verstanden werden kann, und der Weg durch die Veränderungen ist ein klarer Prozess. Es passt sogar sehr gut in den Produktionsbereich, es verbindet sich sehr gut mit den Teilnehmern, weil sie an Prozesse gewöhnt sind und die Klarheit des Modells und den Weg durch die Räume sehr gut verstehen können. Aufgrund ihrer eigenen Erfahrungen bestätigen sie die Bewegung durch die Räume und empfinden ihn als logisch. Sie beschreiben, wann es jemandem gut geht und wann nicht. Wo ist mein Gegenüber jetzt? Ist er noch in der Leugnung oder schon in der Verwirrung? Die intensive Beschäftigung mit den Four Rooms zeigt sich auch darin, dass die Namen der Räume berücksichtigt werden. Dies geschah zum Beispiel mit dem Namen des Raums der Leugnung. Eine Gruppe bestand darauf, ihn den Raum der unbewussten und bewussten Selbstverarschung zu nennen. Das ist ein etwas anderes Wort, aber es bringt die Sache auf den Punkt. Es reflektiert direkt das eigene Erleben von Gesprächssituationen, z.B. bei der Frage: Wonach strebt mein Mitarbeitende mehr, dem Bereich der Zufriedenheit oder dem Bereich der Inspiration? Die Gruppen diskutieren intensiv darüber, dass man als Führungskraft unterschiedlich reagieren muss, je nachdem, wo jemand im Raum steht.

Aus der Sicht der Teilnehmer ist dies logisch, und in den Betrieben wird viel mit Logik gearbeitet.

Übertragung in den Alltag

In Lernreisen, in denen die Gruppe über einen längeren Zeitraum mit Präsenztrainings, virtuellen Kleingruppentreffen und möglichst auch Coachings begleitet wird, mache ich die Einführung zu Beginn der Lernreise, um die Four Rooms als Basismodell immer wieder in den Trainings und vor allem im Alltag einzusetzen. **Die Tiefe und Tragfähigkeit des Modells werden viel stärker, je länger man damit arbeitet.**

Wie bereits erwähnt, ist der Praxisbezug sehr wichtig. Interessanterweise stelle ich oft fest, dass die Four Rooms auch ohne Auftrag zwischen den Trainingstagen in den Alltag einfließen. Die Teilnehmer erklären sie zu Hause und beschreiben, wie ihre Familien darauf reagiert haben. Die Greifbarkeit und die einfache Formulierung machen es möglich. Dennoch gibt es auch kritische Anmerkungen während des Trainings. Ich freue mich jetzt schon immer auf Teilnehmer, die sagen:

OK Jens, das ist völlig klar und logisch, aber was soll ich jetzt damit machen, damit wir nicht sagen, hier ist meine Cola, die ist leer, wenn ich Durst habe, fülle ich sie wieder auf. Dann trinke ich es wieder und bin zufrieden, bis ich wieder Durst habe? Es ist derselbe Prozess, ich tue es trotzdem. Warum hilft es mir jetzt, den Prozess zu kennen?

Es ist immer eine großartige Diskussion in der Gruppe, wenn plötzlich die zweite und dritte Person sich einbringt und sagt: "Nun, nehmen wir an, du hast einen Mitarbeitende, der sich gut eingelebt hat, der gute Arbeit leistet, aber der gerne mehr Pausen macht als andere. Fühlt er sich damit wohl, auch wenn er das Gefühl hat, dass er allen ein bisschen auf der Nase herumtanzt und Sie ihn das machen lassen? Aber irgendwie regen Sie sich als Vorgesetzter darüber auf, und andere Kollegen auch.

Dann muss man reagieren. Dann hilft es einem selbst klar zu werden, wo stehe ich und was will ich konkret ändern. Wo steht der Mitarbeitende, ist ihm klar welche Auswirkungen sein Handeln hat, leugnet er es bewusst, oder muss ich klare Grenzen setzen und Konsequenzen aufzeigen.

Ein weiteres Beispiel was diskutiert wurde, ist, dass es einen Unterschied macht, wenn man auf jemanden zugehe, der 20 Jahre nahezu das gleiche mache, dass derjenige nicht gleich Hurra beispielsweise bei der Einführung einer neuen Maschine schreit. Dem ist Zufriedenheit, Stabilität und Sicherheit wichtig, also macht es in den Gesprächen Sinn nicht die großartige Maschine und was sie alles kann in den Vordergrund zu stellen, sondern eher, wie es langfristig seinen Arbeitsplatz sichert und er zwar nicht mehr das gleiche macht aber im gleichen Arbeitsumfeld bleiben kann- also was stabilisierend wirkt und Sicherheit gibt. Und das ist dann das, was die Leute anfangen zu verstehen und greifen zu können, dass Führung heißt, dass ich Menschen unterschiedlich behandeln muss und um in dem Beispiel zu bleiben, ist der nächste Mitarbeitende im Raum der Inspiration, er ist begeistert von der Einführung der neuen Maschine, der hat andere Fragen und Bedürfnisse.

Da macht es Klick und Aussagen wie: *Ah spannend kein Wunder, dass ich mein Kollege dafür nicht gewinnen kann, wenn ich ihn mit meiner Begeisterung übersprühe und der das eher doof findet.*

Während der Lernreise kommen die Teilnehmenden dann mit vielen weiteren konkreten Anwendungsfällen zurück, bei denen sie dann im konkreten Gespräch mit ihren Mitarbeitenden die Four Rooms als Werkzeug für sich ergänzend zu ihrem klassischen Führungsverhalten genutzt haben. Klassisch ist hier gemeint, dass sie Mitarbeitende auf Fehlverhalten ansprechen müssen, wenn bspw. zu viel Ausschuss produziert wird. Dann laufen Gespräche häufig so ab: *Kalle du darfst nicht so viel Ausschuss machen und dann sagt er ja, tut mir leid und also das wars.* Das Ansprechen von Fehlverhalten bleibt, aber es bekommt eine andere Gesprächsstruktur und es wird individueller. Sie überlegen vorher, je nachdem in welchem Raum sie die Mitarbeitenden dann sehen ändern sie ihr Gespräch. Ist es dem Mitarbeitende gar nicht bewusst Ausschuss zu produzieren, ist es ihm egal oder weiß er es einfach nicht, was zu verändern ist. Ist es jemand der die Zufriedenheit, Stabilität sucht oder eher die Inspiration, also jemand der denkt, er verbessert den Prozess, macht das Richtige.

Mit dieser Analyse vorab ergänzen sie ihr klassisches Führungsverhalten und können individueller auf die Mitarbeitenden eingehen, um letztlich eine gewünschte Verhaltensveränderung zu erzeugen.

Schon direkt in Trainings oder Workshops entwickeln sich Aha Momente, die für den einen oder anderen ausreichen, um zu einer sehr wichtigen Entscheidung zu gelangen. Eines meiner schönsten Erlebnisse war ein Workshop mit einem Managementteam eines Produktionsstandortes, das vor existentiellen Herausforderungen stand. Der Standort eines Konzerns stand immer wieder auf der Kippe, im Team waren, aus Sicht des Standortleiters, *sehr eigene Individuen.* Das Managementteam hat die Introduction gemeinsam durchlaufen und in darauf aufbauenden Stellübungen zu Four Rooms vertieft darüber gesprochen, wie es ihnen mit der Situation geht. Es verschaffte ihnen den Raum alles mal offen anzusprechen und dann in weiteren Schritten Maßnahmen zur Verbesserung der Situation abzuleiten.

Und das Schönste war als der Standortleiter mich dann spät nach dem Workshop zur Seite nahm und sagte: *Vor dem Seminar war ich mir recht klar, ich will kündigen und ich bin der falsche. Nach diesem Workshop und der Arbeit mit Four Rooms ist mir vieles bewusster geworden und ich habe jetzt einen klaren Plan, wie ich diesen Standort voranbringen kann. Ich bleib hier.*

Blick auf ein Vorurteil: Die Veränderungsbereitschaft in der Produktion ist gering.

Es herrscht oft die Meinung, dass die Veränderungsbereitschaft und -fähigkeit in Produktionsbereichen geringer sei als in anderen Bereichen. Das erlebe ich nicht so. Ich erlebe die gleiche Verteilung der beiden Sichtweisen auf das Leben wie in anderen Gruppen. Es ist so, dass Menschen aus allen Bereichen denken, dass es mehr Menschen gibt, die Stabilität und Sicherheit anstreben und den Raum der Zufriedenheit suchen. Es herrscht die Einschätzung, dies seien 80% der Gesellschaft, dies wäre die Mehrheit und es sei nur eine Minderheit von 20%, für die die Sinnhaftigkeit ihres Tuns und das Richtige zu tun wichtig sei. Ein Trugschluss, wie es ja in den Untersuchungen von Claes Janssen bestätigt wurde. Es teilt sich fifty/fifty und genau dies erlebe ich auch in Produktionsbereichen.

Was überraschend für mich war, dass die Führungskräfte in der Produktion oftmals erstmal anfangen an sich zu arbeiten. **Change begins with me** ist beobachtbar. Sie warten nicht darauf erstmal auf andere zu schauen. In Lernreisen starten wir mit der Introduction und folgende Aussagen tauchen auf: *OK, wenn ich mit was unzufrieden bin, muss ich was tun ich kann nicht immer nur sagen meine Chefs müssen was tun, also ich muss in meinem* *eigenen Handlungsrahmen was unternehmen, wenn ich mich im im Raum der Leugnung entdecke. Dann muss ich einfach was tun.*

Sie nehmen wahr, wenn ihre Chefs Themen nicht lösen und sie mit der Situation unzufrieden sind. *Dann muss ich wohl das Thema beispielsweise Urlaubsplanung vorantreiben, obwohl ich nur eine Schicht betreue. Ob in der Produktion Radio erlaubt ist, oder nicht_soll geklärt werden.* Sie reflektieren, wenn ich es nicht löse, bleibe ich bezogen auf diese Situation in der Leugnung oder Verwirrung. Das freut mich immer, wenn die Leute das für sich erkennen, dass sie sagen, *hey cool, ich muss meinen Führungsanspruch einfach stärker geltend machen-* was aber historisch in den Produktionsbereichen gar nicht immer so gewollt war.

Zusammenfassend habe ich in meinen über 70 Gruppen erlebt, dass Four Rooms in Produktionsbereichen sehr gut funktioniert.

Es ist ein logisches Werkzeug für den Alltag.

Mir hat es geholfen auch meine eigenen Stereotype zu hinterfragen und hätte mir jemand vorher erzählt ich würde mit Schichtleitern über den Sinn des Lebens diskutieren, hätte ich gesagt, diesen *Psychoquatsch* würden sie definitiv nicht machen. Dies ging aber nur über den Prozess, dass die Gruppe sich die Theorie gemeinsam erarbeitet.
Zudem freut es mich immer zu sehen, wie die Führungskräfte durch Four Rooms gestärkt werden auch in der Hinsicht, eigenverantwortlich zu handeln.

Four Rooms und Führung in der Produktion, passt aus meiner Sicht extrem gut zusammen, nachdem ich für mich die Übersetzungsarbeit in der Art und Weise, wie wir es erarbeiten hinbekommen habe. Auch wenn ich mehrfach im Monat mit jeweils anderen Gruppen die Four Rooms einführe, wird es nicht langweilig für mich. Ich lerne jedes Mal etwas von der Gruppe und dies wiederum motiviert mich.

3.3. Aufbau organisationaler Resilienz mit Four Rooms

Dr. Angelika Schrand

Das Konzept der organisatorischen Widerstandsfähigkeit ist in der Unternehmenswelt in Zeiten des ständigen Wandels und der Ungewissheit von besonderer Bedeutung. Organisationen müssen in der Lage sein, sich an Krisen und neue Umstände anzupassen, Störungen zu überstehen und sich schnell zu erholen. Wir bei CONTUR haben in den letzten Jahren turbulente Zeiten und sogar disruptive Veränderungen in unserem Unternehmen erlebt. Wir sind ein Trainings- und Beratungsunternehmen für Führung, Strategie, Veränderung, Projektmanagement, Assessment-Lösungen und Nachhaltigkeit. Mit rund 60 Mitarbeitenden und 150 Netzwerkpartnern sind wir von Deutschland, China und Mexiko aus international tätig.

Das Tempo der Veränderungen auf dem Bildungsmarkt hat sich in der Covid-Phase erheblich beschleunigt. Die rasante Entwicklung von virtuellem Arbeiten, Plattformen und Tools, die Entwicklung von digitalen Akademien und die Konkurrenz aus anderen Branchen stellen uns vor enorme Herausforderungen. Hinzu kommt, dass auch unsere Kunden je nach Branche unterschiedliche Transformationsprozesse durchlaufen und sich die gesamte Wirtschaft in einer Krise befindet, was sich direkt in reduzierten Ausgaben für die Personalentwicklung und sogar in der Aussetzung aller nicht gesetzlich vorgeschriebenen Ausbildungen niederschlägt. In diesem Kapitel möchte ich zeigen, wie Arbeit mit Four Rooms uns bei der Bewältigung dieser Krisen widerstandsfähiger gemacht hat

Die Kernelemente der organisatorischen Resilienz sind die Fähigkeit, sich schnell und effektiv an Veränderungen anzupassen, die

Widerstandsfähigkeit, Rückschläge zu überstehen und sich davon zu erholen, die Antizipation und Vorbereitung auf potenzielle Bedrohungen und die Bereitschaft zu lernen. Dies erfordert eine Kultur der Offenheit, des Vertrauens und der Innovation, um organisatorische Resilienz zu entwickeln.

Im Jahr 2018 habe ich mich in Schweden als Four Rooms of Change Certified User qualifiziert. Seitdem haben wir weitere Kollegen zertifiziert, und alle Mitarbeitende haben an der Einführung teilgenommen, damit wir alle ein gemeinsames Verständnis haben. Wir haben Four Rooms als Feedbackformat sowohl in persönlichen als auch in virtuellen Veranstaltungen eingesetzt. Anfang 2019 haben wir einen gemeinsamen Strategie-Workshop abgehalten und an den strategischen Zielen und konkreten Vorhaben für 2019 gearbeitet. Wir hatten ein sehr erfolgreiches Jahr in finanzieller Hinsicht. Als wir am Ende des Workshops alle Teilnehmer baten, sich in den Four Rooms zu positionieren, um zu sehen, wie sie über unsere Ausrichtung denken, ergab sich ein interessantes Bild. Viele befanden sich im Raum der Zufriedenheit und Inspiration, aber einige auch im Raum der Leugnung. Es war sehr hilfreich, sich darüber auszutauschen, warum es so unterschiedliche Sichtweisen auf die strategische Ausrichtung gab, denn einige sahen bereits Bedrohungen für unser Geschäft und befürchteten, dass wir uns nicht ausreichend vorbereiten. Diese Sichtweise hat uns sehr geholfen, denn sie hat es uns ermöglicht, konsequenter an Innovationen zu arbeiten.

Bei anderen Feedback-Methoden hätte man dies vielleicht zum Ausdruck bringen können, aber dann braucht man viel Mut, um kritische Anmerkungen zu machen. Hinzu kommt, dass die Einordnung der anderen anders ist. Kritische Anmerkungen werden nicht als Nörgelei, Widerstand oder Pessimismus abgetan, sondern sofort in ein "Verstehen wollen" umgewandelt mit der Frage - was ist es, dass dich in den Raum der Leugnung oder Verwirrung bringt. Das macht alle gesprächsfähiger und erleichtert es,

Emotionen in einem strukturierten Rahmen anzusprechen. Die konsequente Nutzung der Four Rooms als "Positionsbestimmung oder Feedback-Tool" hat zu einer anderen, konstruktiveren Diskussionskultur und einem größeren Verständnis für unterschiedliche Standpunkte geführt.

Seit 2022 haben wir die Nutzung von Four Rooms intensiviert. Im Rahmen unserer strategischen Ausrichtung zu einem nachhaltigen Unternehmen haben wir überlegt, wie wir im Rahmen des DNK (Deutscher Nachhaltigkeitsbericht) auch die soziale Säule der Nachhaltigkeit messen können. Unter dem Titel "Gute und gesunde Arbeitsbedingungen schaffen" haben wir ein weiteres Instrument von Four Rooms eingesetzt, den Pulsmesser (Situationsanalyse).

Es besteht aus 40 Fragen, die auf organisatorischer Ebene zeigen, wie stark Zufriedenheit und Inspiration ausgeprägt sind oder ob die Rahmenbedingungen im Unternehmen und die Kultur eher zur Leugnung oder Verwirrung und damit zu Frustration, Ohnmachtsgefühlen, Resignation oder Unsicherheit führt, also zu Bedingungen, die die Produktivität und Innovationsfähigkeit negativ beeinflussen.

Die Fragen und Aussagen werden auf einer Skala von 1 bis 10 bewertet, wobei der Wert für Zufriedenheit und Inspiration umso höher ist, je positiver er ausfällt. Beispiele für Fragen in diesen Bereichen:

- Wir haben bei CONTUR klare Aufgaben, wir wissen, was wir zu tun haben, und wir haben ein gutes Gefühl dabei.
- In den Sitzungen werden wichtige Themen effektiv behandelt, ohne dass sie unpersönlich und langweilig werden.
- Bei CONTUR vertrauen wir uns gegenseitig.

Aussagen über die Räume der Leugnung und Verwirrung sind zum Beispiel:

- Bei CONTUR gibt es starke Spannungen, die fast nie offen sichtbar sind.
- Viele bei CONTUR zögern, ihre Meinung zu äußern.
- " Das ist doch nicht möglich", hört man oft bei CONTUR.

Niedrige Ergebniszahlen sind in den unteren Räumen besser, denn wenn die Zustimmung zu den Aussagen gering ist, wie im Beispiel "Viele in CONTUR trauen sich nicht, ihre Meinung zu sagen", bedeutet dies, dass sie nicht so wahrgenommen wird.

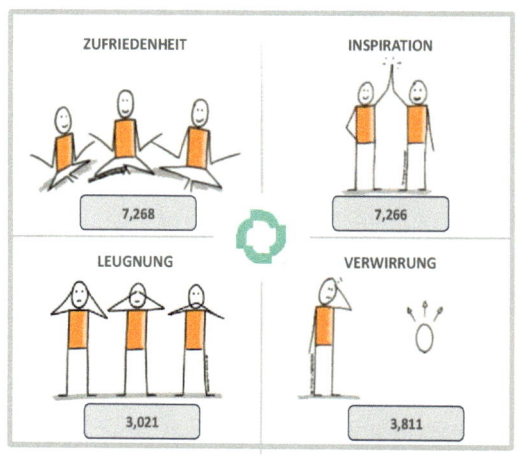

Die Befragung wurde anonym auf zwei Ebenen durchgeführt. Zum einen konnten alle Mitarbeitende CONTUR bewerten und zum anderen ihr eigenes Team. Die Gesamtergebnisse haben wir allen Mitarbeitenden in virtuellen Meetings vorgestellt und gemeinsam bearbeitet. Die jeweiligen Teamleiter analysierten die Teamergebnisse direkt mit dem Team und arbeiteten an konkreten Verbesserungen. Für den **DNK-Bericht haben wir den Well-Being-Index** verwendet und uns ein Ziel gesetzt. Im Jahr 2022 lag der Wohlbefinden-Index bei 3,85. Wir setzten uns ein Ziel von 4,5. Im März 2023 erreichten wir 4,58. Vor allem die Werte für Zufriedenheit und Inspiration sind gestiegen, und was uns besonders gefreut hat, ist, dass wir den Wert für Leugnung auf 2,56 senken konnten.

Aber was bedeutet das? Wenn es hohe Werte im Raum der Zensur gibt, ob unbewusst oder bewusst, bedeutet das, dass die Notwendigkeit von Veränderungen nicht gesehen oder akzeptiert wird. Sie könnten zum Beispiel hören: *In der Vergangenheit war alles besser. Wir haben keinen Bedarf für das, was sie auf der Ebene des Top-Managements vorhaben. Wir werden dieses Veränderungsprojekt durchziehen und dann wird alles beim Alten bleiben.* Dieses Denken konnten wir durch unsere gemeinsame Arbeit abbauen. Das Entscheidende ist, das wir es gemeinsam erarbeitet haben.

Im Gegensatz zu anderen Mitarbeiterbefragungen werden die Ergebnisse des Pulsmessers direkt mit den Betroffenen bearbeitet. Und der Schlüssel zur Verbesserung der Werte war nicht die Bearbeitung in der Gesamtgruppe, sondern die gemeinsame Analyse und Reflexion in den Teams.

Zusätzlich zu den Gesamtergebnissen ist es wichtig, die Verteilung der Antworten zu betrachten. Wenn zum Beispiel bei der Frage eine hohe Streuung vorliegt: "Viele in CONTUR trauen sich nicht, ihre Meinung zu sagen", zeigt dies unterschiedliche Wahrnehmungen der Situation. Und an diesen Punkten werden die Diskussionen intensiver. Wie ein Teamleiter sagte: *Ich war sehr skeptisch, dass wir damit etwas erreichen würden, aber durch den Austausch unterschiedlicher Wahrnehmungen ist es uns gelungen, zum Kern der Sache vorzudringen und nicht nur oberflächliche Maßnahmen abzuleiten.*

Wir führen die Erhebungen auch weiterhin durch, aber die Zeit, die dafür benötigt wird, ist viel kürzer und wird in der Regel im Rahmen der regelmäßigen Teamsitzungen durchgeführt. Wir sehen die Volatilität in den Ergebnissen, und das ist auch gut so. Es ist nicht nur ein Instrument für gute Zeiten, sondern es sollte auch transparent machen, wo wir in stürmischen Zeiten stehen.

Die Ergebnisse sind für alle transparent und dies minimiert den Einfluss negativer Meinungsführer. Anstatt dass einige wenige laute Stimmen dominieren, wird jeder gehört und wahrgenommen, was wiederum das Wohlbefinden jedes einzelnen Mitarbeitende stärkt.

Sind wir widerstandsfähiger geworden? Ja, das sind wir. Es ist uns gelungen, eine Kultur der Offenheit und des Vertrauens zu stärken. Dies spiegelt sich in den durchweg positiven Antworten auf die Frage

- Wir vertrauen uns bei CONTUR gegenseitig.

Die für eine widerstandsfähige Unternehmenskultur notwendige Offenheit wird durch die durchweg positive Bewertung der Stellungnahme unterstrichen

- Es ist leicht, eigene Ideen und Vorschläge einzubringen, weil andere zuhören und einen ermutigen.

Wir haben bisher alle Rückschläge überwunden, und einer der Schlüssel dazu ist die vertrauensvolle Zusammenarbeit innerhalb des Führungsteams. Wir haben festgestellt, dass wir auf der dialektischen Skala (die persönliche Dialektik ist ein weiteres Instrument) manchmal sehr weit auseinander liegen. Auf der einen Seite gibt es diejenigen, die eher zu den NEIN Antwortenden gehören, für die Stabilität, Sicherheit, Konformität und Zugehörigkeit wichtig sind, und auf der anderen Seite diejenigen, die eher zu den JA Antwortenden gehören, die jetzt und in Zukunft das

Richtige tun wollen, die hinterfragen, ob es sinnvoll ist, und die neuen Ideen initiieren. Dies wird bei der Entscheidungsfindung sehr deutlich, und wir respektieren und nutzen die unterschiedlichen Standpunkte als Stärke, auch wenn es für die andere Seite nicht immer angenehm ist. In solchen Situationen kommt mir oft das Zitat von Claes Janssen in den Sinn: *Agree to your disagreements.*

Die Four Rooms Sprache ist zu einer gemeinsamen Sprache geworden und verändert unser Verhalten im Alltag. Sie ermöglicht uns nicht nur einen konfliktfreieren, sondern auch einen entspannteren und humorvolleren Umgang miteinander. Und gemeinsames Lachen ist zwar kein offizielles Kriterium für Resilienz, aber es hat uns geholfen, Krisen gemeinsam zu überstehen.

3.4. Erzeugen eines offenen Dialogs im Management Team eines chinesischen Start-Up-Unternehmen

Dr. Doris Yuan

Die Four Rooms of Change Theorie und Instrumente sind diejenigen, die ich in den letzten Jahren am meisten studiert und angewendet habe, nicht nur in meiner Arbeit, sondern auch in meinem Leben. Nun möchte ich eine Fallstudie vorstellen, in der ich die Instrumente- die Introduction und den Pulsmesser (Situationsanalyse) aus der Theorie der Four Rooms of Change eingesetzt habe, um einem chinesischen Startup-Managementteam zu helfen, einen Dialog zu führen, Ideen zu finden und Maßnahmen für die Teamsynergie zu definieren.

Hintergrund des Projekts

Am Ende einer der Veranstaltungen zur Einführung in Four Rooms bat mich einer der Teilnehmer, für sein Team eine Veranstaltung zu den Four Rooms durchzuführen. Er ist der Geschäftsführer des Start-Up-Unternehmens und beschreibt das Unternehmen und die Ausgangssituation:

"Unser Unternehmen ist eine Neugründung, die Forschung, Entwicklung und Vertrieb von Verbundwerkstoffen vereint und vor weniger als zwei Jahren gegründet wurde. Das Unternehmen hat insgesamt 21 Mitarbeitende, und das Managementteam besteht aus sieben Personen. Das Team sagt, es sei das Managementteam, aber in Wirklichkeit müssen sie alle auch operative Detailarbeit leisten."

Das Unternehmen hat eine schlanke Struktur

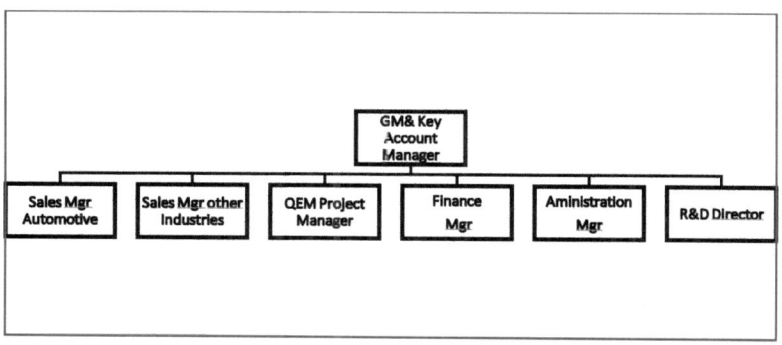

Gemeinsam mit der Leiterin von Forschung und Entwicklung hat er die Idee für das Unternehmen entwickelt. Sie hat technisches Wissen für das Materialprodukt, das in die Produktion umgesetzt werden musste, und er hatte einige Verbindungen im Materialvertrieb, also beschlossen sie, ein Unternehmen zu gründen, um diese Ergebnisse umzusetzen. S e sind beide Anteilseigner und Manager des Teams, wobei er als Geschäftsführer im Grunde die

Rolle des Managements übernimmt. Die Produktion wurde outgesourct.

Dabei treten typische Probleme auf - einerseits die Kundenbedürfnisse und andererseits die Zusammenarbeit mit einem ausgelagerten Partner, was es nicht einfacher macht, die Produkte rechtzeitig und in guter Qualität zu liefern.

Die Ausgangssituation: von dem GM reflektiert

Der Geschäftsführer erklärt: *Ich bin es leid, den ganzen Tag und die ganze Nacht Kunden zu bedienen, aber auch diese kleinen Dinge zu verwalten, ich bin wirklich erschöpft. Das führt dazu, dass ich manchmal wütend werde und alle unglücklich mache.*

Nachdem ich gerade Ihren Ausführungen über die Four Rooms of Change zugehört habe, ist mir klar geworden, dass ich nicht erkannt habe, dass ich mich vielleicht im Raum der Leugnung befinde, wenn ich mich mit bestimmten Themen befasse, und dass ich mir die Gründe meiner Kollegen nicht anhören wollte, wenn ich mich im Raum der Verwirrung befand. Und meine Kollegen, schätze ich, einige von ihnen, die aufrichtig sind, werden sich direkt mit mir auseinandersetzen, aber einige von ihnen, die sauer sind, werden einfach kneifen und nichts sagen, wenn ich wütend werde. Außerdem sind sie sich in manchen Dingen nicht einig, was zu Ineffizienz im Team führt".

Die Erwartungen des GM

Die Erwartungen an die Einführung der Four Rooms mit dem gesamten Management-Team waren: Dass alle Mitglieder das Bewusstsein und Wissen über sich selbst und ihre Emotionen aufbauen, so wie ich es tue. Er reflektiert sich selbst als Nein-Person und sagte: "Jetzt weiß ich, dass ich eher ein Nein-Mensch bin, und ich mag keine Intransparenz und Verwirrung, aber das Wissen die anderen noch nicht!

Die Empfehlung von meiner Seite war, dass die Einführung nur der erste Schritt ist und es sinnvoll ist, die Situationsanalyse mit dem Pulsmesser zu nutzen, um gemeinsam als Team an Verbesserungen zu arbeiten.

Typisch für chinesische Start-up-Unternehmer ist die Überlegung, nicht zu viel Zeit in Schulungen zu investieren, da sie in kurzer Zeit Ergebnisse sehen wollen. Aber nachdem er darüber nachgedacht hatte, stimmte der Geschäftsführer zu.

Der Workshop und die Rolle als Moderatorin

Zu Beginn des Workshops sagte der General Manager zu allen in einem sehr kurzen, aber bestimmten Ton: *"Ich habe mich entschieden, als ich Lehrer Yuan bat, zu kommen und uns eine Schulung zu geben. Es ist das Ende des Jahres und wir sind alle sehr beschäftigt, so dass es nicht einfach ist, einen ganzen Tag Training zu organisieren. Aber wenn wir schon mal hier sind, sollten wir auch richtig mitmachen, und ich hoffe, dass jeder etwas davon hat!"*

Ich wollte erklären, dass es sich nicht um eine Fortbildung handelte, aber dann würde sich der Geschäftsführer gedemütigt fühlen. Also verwies ich auf die Tagesordnung des Tages und erklärte: *"Ich freue mich, dass ich die Gelegenheit habe, einige meiner Erkenntnisse mit Ihnen zu teilen. Wir werden heute einige neue Tools kennenlernen, aber was noch wichtiger ist, ich werde hier sein, um eine Sitzung mit anzuleiten und zu moderieren, in der Sie dieses Tool nutzen, um herauszufinden, wie Ihr Team effektiver zusammenarbeiten und kooperieren kann."*

Als ich die Einführung in die Tagesordnung beendete, sagte der Vertriebsleiter schnell: *"Endlich ein Zeitpunkt, an dem wir uns alle zusammensetzen können."* Ich notierte mir diese Aussage, da ich den Eindruck hatte, dass sie ein Bedürfnis ausdrückte, das in diesem Team ignoriert wurde.

Die chinesische Kultur betont Introvertiertheit und Zurückhaltung: Wie man sich mit den Four Rooms verbindet und Gefühle sichtbar macht.

In dieser Sitzung bat ich sie, die Augen zu schließen und ihre Gefühle und Emotionen in verschiedenen Situationen zu erleben, wenn ich diese Worte vorlas. Dies war für einige der männlichen Teilnehmer schwierig, mit Ausnahme des GM. Er hatte diesen Schritt bereits erlebt, als er an meinem vorherigen Austausch teilnahm, aber die anderen Männer brauchten offensichtlich etwas Zeit, um ihre Gefühle zu erleben. Diese Situation ist in China relativ häufig. Die chinesische Kultur betont Introvertiertheit und Zurückhaltung, und chinesische Männer sind eher stolz darauf, ihre Gefühle nicht in der Öffentlichkeit zu zeigen. Damit sie erfahren konnten, wie sie sich in verschiedenen Situationen fühlen, las ich die Wörter vor, die ich in der vorherigen Sitzung in jedem Quadranten gesammelt hatte, während ich sie die Reaktion ihres Körpers spüren ließ. Auf diese Weise konnten sie langsam ein oder zwei Worte über ihre Gefühle aufschreiben. In Tandemdiskussionen habe ich absichtlich männliche und weibliche Kollegen zusammengebracht, damit die Männer mit ihren weiblichen Kollegen mehr Gefühle benennen. Als die Sammlung der Wörter abgeschlossen war, sagte der Vertriebsleiter, dass sie normalerweise so beschäftigt seien, dass das Wort "Gefühl" für sie in einem Startup ein bisschen Luxus sei.

Überlegungen zur Bewegung in den Räumen und zu den beiden Sichtweisen auf das Leben

Als ich darüber sprach, wie wir uns durch die Räume bewegen und sich unsere Emotionen verändern, wenn sich die Dinge entwickeln oder Situationen sich verändern, äußerten mehrere Teilnehmer abwechselnd "verstanden" und "verwirrt". Aber als ich das Flipchart aufstellte, auf dem die beiden unterschiedlichen Sichtweisen auf das Leben erklärt wurden, atmeten alle erleichtert auf, lehnten sich mit einem "Ich verstehe" zurück und begannen dann zu schauen, wie viele "Ja" und "Nein" Antworten sie hatten.

Die erste Diskussion begann mit den folgenden Fragen: Neigen wir hauptsächlich zum NEIN - sind wir bei der Arbeit wirklich wir selbst? Eine Aussage des GM *„So, jetzt wissen sie, wie Sie sich zu verhalten haben"* haben wir zu diesem Zeitpunkt stehen lassen und noch nicht vertieft und sind stattdessen den Schritt auf die Organisationsebene gegangen.

Die Four Rooms in Organisationen

Ich bat sie dann zu überlegen, ob die Four Rooms of Change auch auf Organisationen und Teams anwendbar sind. Alle antworteten unisono: *"Auf jeden Fall".* Als wir darüber sprachen, wie die Organisation in den verschiedenen Räumen funktioniert, kamen alle aus der Schweigsamkeit heraus und beteiligten sich wieder an der Diskussion.

Wir erstellten schnell eine Liste, wie sich die Organisation in jedem Raum verhielt, aber als ich alle bat, darüber nachzudenken, welches Verhalten sie in ihrem eigenen Team sahen, herrschte Schweigen. Ich bat alle, sich vor dieses Flipchart zu stellen und jedes Verhalten durchzugehen. Aber es herrschte Schweigen. Um das Schweigen zu brechen, bat ich den GM, zuerst abzustimmen. Er stimmte für "unzureichende Motivation zur Innovation". Nachdem er seine Stimme abgegeben hatte, wählten die anderen: glücklich, loslegen, einfach tun, sich beschweren, ambivalent und Geld aus Angst ausgeben. Mit Ausnahme einer Person, die sich für den Raum der Zufriedenheit entschied, wählten drei Teammitglieder die Worte aus dem Raum Inspiration und drei die Worte aus dem Raum der Leugnung.

Ich fragte die Gruppe: *"Stimmt dieses Ergebnis mit dem überein, was ihr erwartet habt?"* Der GM sprach diesmal nicht, sondern schaute stirnrunzelnd auf die Flipcharts. Offensichtlich war das Ergebnis nicht das, was er erwartet hatte. Der Verkaufsleiter meldete sich zuerst zu Wort: *"Es ist ziemlich konsistent! In unserer Firma kann zwar jeder seine Arbeit machen, aber es ist natürlich immer schwierig, Konflikte und Beschwerden zu vermeiden. Aber in unserer Firma bin ich trotzdem recht zufrieden"*.

Ich sah die anderen Teammitglieder an und fragte: *"Möchte noch jemand seine Gedanken mitteilen?"*

Die Finanzmanagerin hob die Hand und sagte: *"Ich glaube nicht, dass das sehr konsequent ist. Seit wann sind wir beim Geldausgeben vorsichtig? Ich habe das Gefühl, dass ich jeden Monat eine Menge Geld ausgebe, wenn ich Zahlungen leiste! Niemand denkt daran, ob ich Geld auf dem Konto habe, um Zahlungen zu leisten, wenn sie nach Ausgaben fragen"*.

Die Bemerkung des Finanzmanagers schien ein "!" zu sein, dass die Diskussion beendete.

"Danke, dass Sie das mit uns teilen!" Ich dachte, es wäre gut, wenn alle eine Mittagspause einlegen würden, damit ich am Nachmittag den Pulsmesser (Situationsanalyse) aus diesen beiden unterschiedlichen Perspektiven einbringen kann. *"Soeben hatten wir einige Kollegen, die das Gefühl hatten, dass die Entscheidungen aller auf dem Flipchart mit dem aktuellen Zustand des Teams übereinstimmten, und einige Kollegen, die das Gefühl hatten, dass sie es nicht taten. Es sieht so aus, als bräuchten wir mehr Zeit, um die Gründe für die Unterschiede genauer zu ergründen. Worin genau besteht der Unterschied? Was können wir tun, um zu einer Einigung über die Wahrnehmungen des Teams zu kommen. Bitte nehmen Sie diese Fragen mit zum Mittagessen und machen Sie eine Pause!"*

Mittagessen & Pause

Während des Mittagessens sitzen alle um einen großen runden Tisch herum, was typisch für die chinesische Teambuilding-Kultur ist. Man isst, um sich zu verbinden. Der Geschäftsführer war bemüht, das Gespräch wieder auf das zu lenken, was wir besprochen hatten, aber es war klar, dass die Teammitglieder nicht darauf eingingen und nicht mehr enthusiastisch redeten. Wieder einmal konnte ich spüren, dass die Energie des Teams nicht mehr vorhanden war. Um die Stimmung aufzuhellen, schaltete sich der Leiter der Abteilung Forschung und Entwicklung ein und versuchte, eine entspanntere Atmosphäre zu schaffen. Es war ein typisches chinesisches Startup-Managementteam: ein starker Anführer, ein Stellvertreter, der die Kluft zwischen Anführer und Teammitgliedern überbrückt, ein loyaler Finanzmanager und ein geschickter Verkäufer und andere Mitläufer in den Support-Abteilungen.

Diese Art der Beobachtung war hilfreich, da ich in der Zeit vor dem Workshop keine ausführlichen Interviews führen konnte. So gab mir diese Beobachtungsmöglichkeit die Chance, das Team besser kennen zu lernen und einige Anhaltspunkte für die Arbeit am Nachmittag zu erhalten.

Die Einführung des Pulsmessers (Situationsanalyse).

Zurück im Besprechungsraum versammelte ich alle wieder vor dem Flipchart, ließ die Diskussion vom Mittagessen Revue passieren und fragte dann alle: *"Gibt es etwas, das Sie zu diesem Unterschied sagen möchten?"*

"Weil wir eine andere Perspektive haben, schließlich sind die Positionen im Vertrieb und in der Finanzabteilung unterschiedlich", sagte einer. Eine andere Bemerkung war: *"Menschen und Menschen sind auch unterschiedlich! Wie Lehrer Yuan am Morgen sagte, haben manche Menschen mehr JA Anteile und manche*

mehr NEIN Anteile. Sie haben unterschiedliche Gefühle und Meinungen zu ein und derselben Sache."

Ich fügte hinzu *"Ja, dieser Unterschied ist sowohl auf die unterschiedlichen Positionen als auch auf die verschiedenen Perspektiven zurückzuführen, aus denen man das Problem betrachtet. Teams bestehen aus verschiedenen Personen, jede mit ihren eigenen Eigenschaften und Positionen, daher wird es immer viele verschiedene Stimmen im Team geben. Aber haben wir diese unterschiedlichen Meinungen in der Vergangenheit auch äußern können? Haben wir die Möglichkeit und die Geduld, diese verschiedenen Stimmen in unserer geschäftigen Arbeit zu hören? Und was bedeuten unterschiedliche Stimmen für das Team? Risiko oder Chance?"* Ich warf eine weitere Reihe von Fragen auf.

Alle sahen sich an, als sie diese Fragen hörten, und warteten darauf, dass ich sagte, was ich sagen wollte:

"Ich werde nun ein weiteres Instrument einführen, was auf der Theorie der Four Rooms of Change basiert und und ein großartiges Instrument zur Förderung des Teamdialogs darstellt. Bitte kehren Sie nun zu Ihren Plätzen zurück, um die 40 Fragen zu Ihrem Team zu beantworten."

Als die Fragen beantwortet und die Statistiken berechnet und auf dem Flipchart dargestellt waren, waren alle noch etwas unsicher, hatten aber das Gefühl, dass die Punktzahl ihres Teams im Inspirationsraum niedrig war. Ich erklärte, dass dieses Ergebnis nicht einfach durch die Anzahl der Punkte ermittelt werden kann, sondern durch die Verteilung der Punkte der einzelnen Teammitglieder. Genau wie bei unserer Diskussion vor dem Mittagessen gab es zwei Meinungen zu ein und demselben Thema. Dies gab uns die Gelegenheit zu sehen und zu verstehen, dass die Gedanken aller Beteiligten zu diesem Thema unterschiedlich waren.

Deshalb haben wir uns unter anderem auch die Verteilung der Antworten aller Teilnehmer angesehen.

Analyse: Was sich hinter den Ergebnissen verbirgt

Wie erwartet, brachte die Verteilung uns allen eine visuellere Darstellung der unterschiedlichen Meinungen des Teams. Bevor ich etwas sagen konnte, zeigten die Teilnehmer auf einige der Fragen, auf die die Antworten sehr verstreut waren, und diskutierten sie im Flüsterton.

"Jetzt werde ich Sie auf eine tiefere Erkundung der Streuung mitnehmen. Während dieses Prozesses werde ich Sie auffordern, Ihre Gedanken bei der Beantwortung der Fragen mitzuteilen. Während Ihr Kollege sich mit Ihnen austauscht, können andere erkennen, ob Sie alle die Fragen gleich verstehen, und darüber hinaus verstehen, warum es einen Unterschied gibt, indem Sie beobachten, wie dieser Kollege denkt. Gleichzeitig können Sie einen besseren Einblick gewinnen, indem Sie sehen, wie die Mitglieder Ihrer Gruppe die Fragen beantwortet haben und was dies für das "Klima" in Ihrem Team bedeutet. Schauen wir uns nun an, wie die Antworten verteilt sind", sagte ich, während ich die Moderationsfragen auf das Flipchart schrieb.

Die erste Frage im Raum "Zufriedenheit" bot mir eine gute Gelegenheit, ein Gespräch zu führen. Es gab 3 Personen, die der Aussage -**Die meisten Dinge sind gut genug, so wie sie sind** nicht zustimmten, 3 stimmten zu und eine Person wusste es nicht. Ich forderte diejenigen, die sich entschieden hatten, dieser Frage nicht zuzustimmen, auf, ihre Gedanken mitzuteilen, und lud dann diejenigen die sich entschieden hatten, zuzustimmen und es nicht zu wissen, ein, ebenfalls ihre Gedanken mitzuteilen. Dies war ein Dialogprozess, in dem der GM, der sich für "nicht einverstanden" (0 Punkte) entschied, seine Unzufriedenheit und sein Gefühl, dass jeder es besser hätte machen können, zum Ausdruck brachte.

Derjenige, der zustimmte, sagte, dass alle unter den derzeitigen Bedingungen gute Arbeit leisteten, sogar 110 %. Allerdings beklagte er sich auch darüber, dass einige der von ihm geleisteten Arbeiten nicht immer gesehen wurden. Der Geschäftsführer war sichtlich überrascht, dies zu hören, und sagte, er habe das Gefühl, dass er den Beitrag aller anerkannt habe, aber ihm sei nicht klar gewesen, dass fast die Hälfte der Teammitglieder das Gefühl habe, dass ihre Arbeit nicht gesehen werde.

Um zu vermeiden, dass der Dialog wieder ins Stocken gerät, gab ich ihnen zu verstehen, dass das Wichtigste in dieser Sitzung war, dass alle ihre Gedanken zum Ausdruck brachten und angehört wurden, und dass jeder sowohl ein Redner als auch ein Zuhörer war. Im Prozess des Äußerns und Zuhörens sollten wir also zunächst nicht vorschnell urteilen und eine Lösung finden, sondern das Problem analysieren, d. h. es zu beschreiben und dann auf dem Flipchart festhalten. Später würde es eine Sitzung geben, in der sie nach Lösungen suchen sollten.

Als wir zur ersten Frage im Raum der Leugnung kamen, sahen sich der GM und der Direktor für Forschung und Entwicklung vor eine große Herausforderung gestellt. Die Aussage lautete - **Gegenwärtig werden die schwerwiegenden Probleme innerhalb unserer Gruppe auf den Fluren und nicht in Sitzungen besprochen.** Beide stimmten dem nicht zu, während andere zustimmten. Beide sahen die anderen Teammitglieder an und fragten aufrichtig: *"Was sind die Probleme, die nicht öffentlich besprochen werden können? Warum müssen sie unter vier Augen besprochen werden?"*

Nachdem alle einige Sekunden lang geschwiegen hatten, brach die Finanzleiterin das Schweigen. *"Das Problem der unpünktlichen Rückgabe von Forderungen wurde Ihnen schon mehrmals mitgeteilt, aber es wurde nicht gelöst! Sie haben die Schlüsselkunden des Unternehmens, die mehr als die Hälfte des Umsatzes ausmachen. Einige dieser Schlüsselkunden haben eine Zahlungsfrist* von 90 Tagen und manchmal sogar vier oder fünf Monate, bevor das Geld auf unserem Konto eingeht. Manchmal kann ich also wirklich kein Geld auftreiben, um einen Kauf zu bezahlen. Das ist etwas, das ich nicht öffentlich bekannt machen kann, oder?"

"Ja, ja, ich stimme mit der Finanzmanagerin völlig überein. Es ist kein Geld auf dem Firmenkonto, also kann die Finanzmanagerin nicht für die Auslagerung zahlen, also kann ich die Fabriken nicht bitten, die Produktion unserer Produkte zu priorisieren. Sie halten mich immer noch für ein Weichei, das nicht stark genug ist, die Fabriken zu steuern. " Der OEM-Projektleiter meldete sich ebenfalls zu Wort.

Auch andere Teammitglieder äußerten den Grund, warum sie das Problem privat und nicht in einer offenen Sitzung besprachen. In dem Unternehmen gab es kein formelles Besprechungssystem, und jeder kommunizierte über private Telefonate oder unter vier Augen, ohne Teamkoordination. Ich bat sie, die Probleme aufzuschreiben und sie auf das Flipchart zu schreiben.

Im weiteren Verlauf der Diskussion über Themen, bei denen die Meinungen stärker auseinandergingen, wurde jeder aufgefordert, sich zu äußern, auch die Teilnehmer, die zuvor weniger Meinungen geäußert hatten. **Die Kraft dieses direkten Dialogs war immens.** Zunächst war der GM der Lauteste, aber als immer mehr Meinungen geäußert wurden, die von seiner abwichen, hörte er langsam auf, die anderen mit einer starken Stimme zu widerlegen, und begann zuzuhören und Notizen zu machen.

Bei der Analyse der Pulsmesser-Frage: Das Problem kann diskutiert werden, ja - aber wir lösen es nicht. Es passiert nichts- brachte der Dialog einmal mehr wahrgenommene Widersprüchlichkeiten in ihrer täglichen Arbeit ans Licht. Drei Teilnehmer stimmten nicht zu, zwei wollten es nicht wissen und zwei stimmten zu. Diesmal begann ich mit den beiden, die es nicht wussten, und bat sie, ihre Wahl zu erläutern. Sie erklärten, dass das Problem tatsächlich diskutiert werden würde, aber ob es gelöst werden würde oder nicht, wussten sie nicht und niemand hatte sie darüber informiert, also entschieden sie sich, es nicht zu wissen. Auch dieses Mal hielt sich der GM nicht zurück, sondern klopfte auf den Tisch und fragte: *"Niemand hat euch informiert, also könnt ihr nicht einfach hingehen und selbst fragen? Tag für Tag warten, Geld wächst nicht auf Bäumen!"*

"Ich würde ja fragen, aber ich kann Sie nicht finden!" murmelte der Administration Manager.

Die Leiterin der F&E-Abteilung schwieg diesmal nicht, sondern äußerte sich direkt: *"Manchmal höre ich zwar, dass es ein Problem zwischen dem Vertrieb und dem Outsourcing gibt, aber das Problem wird nur zwischen den beiden Abteilungen besprochen, und wie man das Problem lösen und beim nächsten Mal vermeiden kann, wissen wir auch nicht. Um es einfach auszudrücken, alle sind so sehr mit der Arbeit beschäftigt, dass es so scheint, als hätten wir nicht einmal formelle Treffen, um den Arbeitsfortschritt zu besprechen oder mitzuteilen, wobei ich nicht jeden Tag im Unternehmen bin, also muss ich mich entscheiden, nichts zu wissen."*

Um nicht wieder in Schweigen zu verfallen, beeilte ich mich, in den Dialog einzusteigen: *"Ich danke Ihnen beiden für das, was Sie gerade erzählt haben. In eurem Austausch habe ich wieder einmal gehört, dass alle sehr beschäftigt sind, zu beschäftigt, um zu kommunizieren, zu beschäftigt, um sich zusammenzusetzen und ein Gespräch zu führen. Wie zu Beginn des Workshops am Morgen gesagt wurde: 'Endlich eine Zeit, in der wir uns alle zusammensetzen können'. Ich verstehe, dass wir alle mit unserer täglichen Arbeit beschäftigt sind, wobei eine Person für drei arbeitet, aber jetzt höre ich, dass diese Geschäftigkeit die Effizienz unseres Teams tatsächlich behindert. Teammitglieder, die dem zustimmen, wie sieht es mit Ihren Ideen aus?"*

Der Grund für den Verkaufsleiter, der meiner Aussage zustimmte, war einfach, dass das Problem nicht wirklich gelöst war, wie das zuvor besprochene Problem mit dem Liefertermin.

Der OEM-Projektleiter, der ebenfalls zustimmte, erwähnte nicht nur das nicht gelöste Zahlungsproblem, sondern auch Kommunikationsprobleme mit der Vertriebs- und Finanzabteilung. Er sagte, er sei ein Weichei, und obwohl er sich vor der Kommunikation mit der Finanzabteilung einige Lösungen überlegt habe, habe er jedes Mal, wenn die Finanzabteilung seinen ersten Vorschlag abgelehnt habe, schnell alle seine Vorbereitungen aufgegeben.

Die Finanzmanagerin zeigte einen überraschten Gesichtsausdruck, als sie ihn das sagen hörte, und sie öffnete den Mund halb, bevor sie scherzhaft fragte: *"Sagen Sie das, weil Sie mich für eine Tigerin halten?"*

Alle lachten, und alle waren entspannter als zuvor.

Auf der Grundlage der Analyse der Probleme habe ich moderiert und einen Umsetzungsplan mit ihnen gemeinsam entwickelt, um die Effizienz des Teams zu verbessern. Der Geschäftsführer hat sich verpflichtet, mehr zu kommunizieren. Das ist für eine männliche Führungskraft mittleren Alters in China nicht einfach. Tatsächlich hatte er bereits seine Probleme erkannt und wollte sich verbessern, aber in der Öffentlichkeit erlaubte es ihm sein Stolz nicht, sich direkt zu Veränderungen zu verpflichten. Die Teammitglieder waren sich dessen wohl bewusst.

Meine Überlegungen

1. In der Tat ist ein starker Führungsstil des Chefs ein gemeinsames Merkmal lokaler Unternehmen in China, nicht nur in Neugründungen, sondern auch in vielen Großunternehmen. In der chinesischen Kultur verkörpern wir den Kollektivismus, aber damit ein Team Erfolg hat, muss es einen starken Führer

geben, der es leitet. Eine starke Führungskraft kann jedoch die Initiative und Kreativität der Teammitglieder unterdrücken. Daher ist es wichtig, dass die Führungskraft ein Gleichgewicht zwischen Führung und Befähigung ihrer Mitarbeitenden findet.

2. Während des Workshops war ich manchmal durch die chinesische "Gesichts"-Kultur eingeschränkt und konnte keine direkteren und effektiveren Fragen stellen. Hätte ich den Geschäftsführer direkt fragen können, ob er sich seines strengen Führungsstils bewusst sei und wie er sich auf das Team auswirkte, als das Thema "zu strenger Führungsstil" immer wieder aufkam, hätte ich sie dazu angeleitet, mehr Ergebnisse zu erzielen und mehr Veränderungen vorzunehmen. In der chinesischen Kultur gilt diese Art der offenen und direkten Befragung jedoch als Tabu.

3. Ich habe immer an dem Pulsometer (Situationsanalyse) Moderationsleitfaden geglaubt und ihn befolgt. Der Prozess des Instruments ist so konzipiert, dass Unstimmigkeiten und Unterschiede den Teilnehmern präsentiert werden und ein natürlicher Dialog entsteht. Selbst in lokalen chinesischen Unternehmen, in denen die Hierarchie gelegentlich offensichtlich ist, kann im Laufe des Prozesses ein offener Dialog entstehen.

3.5. IKEA und Four Rooms of Change

Anna Wilson

IKEA setzt die Four Rooms of Change **seit Ende 1990** mit Erfolg ein. Verantwortlich für die Umsetzung bei IKEA war Tomas Oxelman, der zusammen mit Claes und Ulla Janssen die Four Rooms of Change - eingerichtet von IKEA - entwickelte. Das Modell wurde zu einer Sensation bei IKEA, wo kein anderes Modell auch nur annähernd so viel Beachtung gefunden hat. Tomas Oxelman war selbst überrascht, wie ein Modell eine solche Wirkung haben kann, obwohl er nur mit einer einfachen, verkleinerten Version gearbeitet hat, so dass viele Menschen nur ein begrenztes Verständnis haben. Aber vielleicht ist es genau das, was es so populär gemacht hat. Tomas stellte fest, dass die meisten Menschen sich schnell mit den Grundlagen vertraut machen konnten und dass dies heute ein Muss ist, wenn viele Menschen mitmachen wollen.

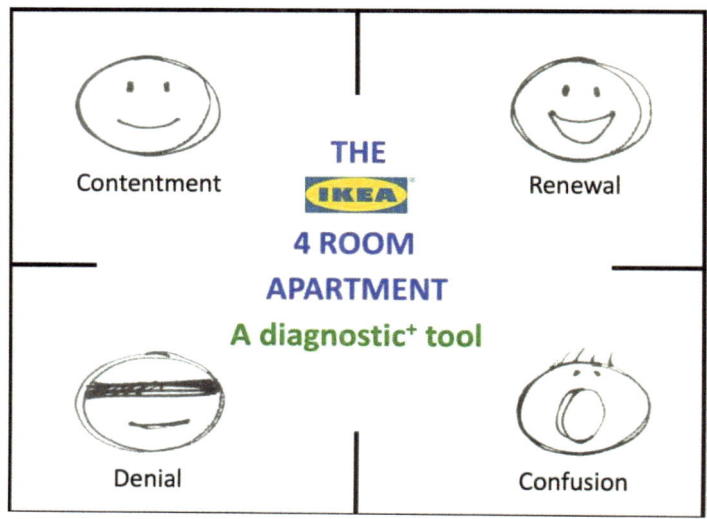

101

Der Gründer von IKEA, Ingvar Kamprad, mochte den Raum der Verwirrung besonders gern. Er sagte, dass wir gerade im Raum der Verwirrung verschiedene Optionen und Lösungen abwägen und uns selbst viele konstruktive, gegensätzliche Fragen stellen. Aber erst, wenn wir den Nullpunkt im Raum der Verwirrung erreicht haben.

Seitdem wird das Modell weltweit eingesetzt, um ein Verständnis dafür zu schaffen, wie sowohl Einzelpersonen als auch Gruppen und Organisationen funktionieren, vor allem im Hinblick auf die Organisationsentwicklung. Um sich als Organisation die strategisch wichtigen Fragen stellen zu können, die sich in den verschiedenen Räumen befinden. So wird sichergestellt, dass Sie bei der Entwicklungs- und Veränderungsarbeit keine wichtigen Faktoren übersehen oder übersehen.

3.6 Betriebliche Gesundheit- Vorbeugung von psycho-sozialen Erkrankungen am Arbeitsplatz

Anna Wilson

Bei der Aufrechterhaltung von Gesetzen, Anforderungen und Regeln in Bezug auf die Verantwortung der Arbeitnehmer für die Prävention von und den Umgang mit psychosozialen Erkrankungen hat sich häufig gezeigt, dass die Arbeit nicht vollständig erfolgreich ist. Studien zeigen, dass der für diese notwendigen Veränderungen erforderliche Wandel in den Prozessen und der Führung sowie bei den Mitarbeitenden nicht erreicht wird. Mit Hilfe des Janssen-Modells haben die Four Rooms of Change und ihre Instrumente zu erfolgreichen Veränderungen beigetragen.

Das Wissen darüber, was mit uns Einzelpersonen, Gruppen und Organisationen geschieht, hat zu mehr Verständnis, Sicherheit, Stabilität und Kommunikation beigetragen. Das Modell hilft sowohl vor als auch während eines Veränderungsprozesses, diesen erfolgreicher zu führen und zu kommunizieren. Es ist einfacher, unerwünschte Situationen, die auftauchen, nicht zu leugnen, aber auch die kritischen Fragen zu stellen, die notwendig sind, um diese Situationen zu verhindern oder leichter zu bewältigen.

Außerdem bietet es die Möglichkeit, die Ergebnisse der Mitarbeiterbefragungen tiefer zu analysieren und kritische Bereiche in den verschiedenen Geschäftsbereichen zu identifizieren.

Unsere natürlichen Abwehrmechanismen, die uns vor Unbehagen und Kritik schützen wollen, schalten manchmal unsere rationale, kreative und lösungsorientierte Fähigkeit aus. Wenn Führungskräfte, Manager und Mitarbeitende sich ein gutes Wissen über Veränderungen aneignen, erhöht sich die Chance, unsere natürlichen Abwehrmechanismen in den Griff zu bekommen. Dies führt zu einem viel offeneren Klima und einer leichteren Kommunikation zwischen Management, Führungskräften, Mitarbeitern und Abteilungen. Das ist das Ergebnis, das wir am häufigsten sehen, wenn wir dieses Veränderungswissen in den Organisationen umsetzen.

Zusammenfassend lässt sich sagen, dass die Four Rooms of Change den Wandel ermöglichen, der für erfolgreiche Veränderungsprojekte notwendig ist, und die Arbeit mit dem Modell psychosoziale Erkrankungen am Arbeitsplatz präventiv verringert.

3.7 Funktionsfähig als Management-Team ohne CEO in einer Autohaus-Organisation

Anna Wilson

In diesem Beispiel geht es darum zu zeigen, wie die Four Rooms ein dysfunktionales Managementteam umgestaltet haben.

Das Unternehmen hatte ein paar schwierige Jahre mit hoher Unzufriedenheit mit dem Management und dem CEO hinter sich. Auf den Fluren wurde viel geredet und in den Meetings war es still. In der Vorstandsetage gab es nur Gerede über die unzufriedenen Mitarbeitende und das Fehlen einer guten Führung durch Manager und Führungskräfte.

Der derzeitige CEO trat zurück und hinterließ ein Managementteam, das keinerlei Erfahrung mit der Führung oder dem Treffen gemeinsamer Entscheidungen als Managementteam hatte. Sie waren ratlos.

Als das Führungsteam die Four Rooms of Change als Arbeitsmodell erhielt, begann es sich zu öffnen. Durch Einblicke, Verständnis und als Hilfe bei der Kommunikation begann die Gruppe, als Managementteam zu arbeiten, ohne einen CEO.

Der Einzelne entwickelte sich und damit auch die Gruppe. Das Modell wurde in jeder Sitzung verwendet und führte schließlich zu kreativen, erfolgreichen operativen und strategischen Sitzungen.

Als ein neuer CEO für das Unternehmen eingestellt wurde, wurde er Teil eines gut funktionierenden Managementteams und wurde in das Modell eingeführt.

Ich habe sie gefragt, was der Unterschied zu der Zeit war, bevor sie das Modell verwendet, haben:

Sie antworteten, es sei viel einfacher, ihre Situation objektiv zu betrachten. Es war auch kein Problem, ihre Schwächen und Stärken zu erkennen. Das Hinterfragen der eigenen Arbeitsprozesse wurde zur Selbstverständlichkeit und die Akzeptanz fiel leichter als zuvor. Dadurch wurde es motivierend, sich neue Ziele zu setzen und sich selbst herauszufordern. Die Kommunikation, so meinten sie, habe sich verbessert, aber sie konnten anfangs nicht wirklich erklären, warum. Jetzt wissen sie, dass das Modell ein mächtiges Werkzeug ist, wenn es darum geht, was, wie und wann man kommunizieren sollte.

Der derzeitige CEO fand einen anderen Arbeitsplatz und blühte als Manager in einer anderen Organisation auf. Eine Win-Win-Situation.

3.8. Die Four Rooms of Change in der Schule

Anna Wilson

Im Jahr 2002 führte die Ehefrau von Claes Janssen, Ulla Janssen, an der Universität Uppsala1 eine Studie über ihre Arbeit mit den Four Rooms of Change in der Schule durch. Ziel der Studie war es, zu untersuchen, ob es möglich ist, die Four Rooms of Change zu nutzen, um mit den Kindern eine gemeinsame Sprache für Emotionen zu entwickeln und mehr Kompetenzen bei den Kindern hervorzuheben und einzuüben. Dabei ging es vor allem um die Fähigkeit der Kinder, Empathie zu empfinden, sowie um die Schaffung von Sicherheit in den Gruppen.

Ulla Janssen passte den Inhalt des Modells und die Umsetzung für Kinder an, so dass es für alle Altersgruppen im Schulalter nützlich wurde.

Die Ergebnisse der Studie zeigten, dass es eindeutig möglich war, die theoretische Methode zu übertragen und das Modell mit Kindern aufzubauen. Sie erhielten auch ein klares Ergebnis, das zeigte, dass die Kinder engagiert und begeistert waren. In den Interviews sprachen die Kinder darüber, wie wichtig es ist, zu wissen, wie es ihren Klassenkameraden geht, um zu verstehen, warum sie tun, was sie tun, und wie wichtig es ist, einem Klassenkameraden gegenüber ernsthaft zu sein, dem es nicht so gut geht.

Wir wissen, dass jede Arbeitsweise, die Kindern die Möglichkeit gibt, aktiv zu üben, ihre Gefühle zu verstehen und auszudrücken, gut für die Kinder ist. Lernen findet nicht losgelöst von den Gefühlen der Kinder statt. Emotionale Kompetenz ist für das Lernen genauso wichtig wie der Unterricht in anderen grundlegenden Fächern, wie Rechnen und Lesen.

Weitere Effekte und Beobachtungen von Ulla Janssen waren, dass die Arbeitsfähigkeit der Kinder zunahm, die Lernfähigkeit sich verbesserte und die Arbeitszufriedenheit in den Klassen stieg.

Die Auswertungen ergaben eindeutig positive Ergebnisse in Bezug auf die emotionale und soziale Kompetenz der Kinder, ihr Verhalten innerhalb und außerhalb des Klassenzimmers und ihre Lernfähigkeit im Allgemeinen.

Es zeigte sich auch, dass die Lehrkräfte ihre eigene positive Entwicklung erlebten, was unter anderem dazu führte, dass sie mehr Kompetenzen bei ihren Schülern sahen. Sie selbst fühlten sich professioneller und offener in ihrer beruflichen Rolle.

Ich selbst war lange Jahre als Schulleiterin und Direktorin tätig. Erst danach führte ich Besuche und Interviews als Beraterin in den Schulen durch, die mit den Four Rooms of Change in ihren Klassen arbeiteten. Die Entdeckungen, die ich dort gemacht habe, haben mich verblüfft und ich wünschte mir, ich hätte die Theorie und das Modell in den Jahren, in denen ich in der Schule gearbeitet habe, gekannt.

Meine Reflexion: Der Nutzen der Four Rooms of Change in der Schule war größer, als ich es mir vorgestellt hatte.

Ich habe mit dem Modell in der Schule eine Reihe von verschiedenen Ebenen und Tätigkeitsbereichen entdeckt. Es ermöglicht eine Entwicklung der gesamten Aktivitäten der Schule. Die Aktivitäten der Lehrpersonalteams werden weiterentwickelt, und die Stressbewältigung erhöht die Fähigkeit, Stabilität und Veränderung auf gesunde Weise auszugleichen. Die Verantwortung und damit die Arbeitszufriedenheit der Kinder und Erwachsenen in der Schule wird erhöht. Sie arbeiten kontinuierlich und aktiv daran, die Grundlage für beleidigende Behandlung und Diskriminierung zu beseitigen, was zu einem starken Rückgang von Mobbing führt.

Durch ständige Beobachtung der aktuellen Situation und durch eine gemeinsame Bestandsaufnahme wird eine gemeinsame Basis geschaffen, die wirksam zur Erstellung von z. B. Gleichstellungsplänen und anderen Dokumenten und deren Umsetzung beiträgt. Durch die neu gewonnene Selbsterkenntnis wächst das Vertrauen und damit die Bereitschaft, sich auf die anstehende Aufgabe zu konzentrieren. Dies verbessert die Produktivität und ermöglicht es Ihnen, offener über das Ergebnis und den Weg dorthin nachzudenken.

Er klärt die Zuständigkeiten und die Arbeitsteilung zwischen den verschiedenen Berufsgruppen in der Schule, den Schülern und den Eltern. Er klärt auch die Aufteilung der Verantwortlichkeiten zwischen Erwachsenen, Schülern und der Schulleitung.

Zusammenfassend lässt sich sagen, dass die Erfahrungen aus der Arbeit in den Klassenzimmern, bessere Lernergebnisse, ein besseres Klassenklima und ein vollständiges oder fast vollständiges Aufhören von Mobbing zeigen. Der Kontakt zwischen Lehrern und einzelnen Schülern hat sich im Allgemeinen sichtlich verbessert und der Lehrer sieht die unterschiedlichen Bedürfnisse der Schüler deutlicher. Die Schüler zeigen eine größere Empathie Fähigkeit in Bezug auf andere und finden es leichter, ihre eigenen Gefühle und Bedürfnisse zu verstehen und auszudrücken. Bei der Arbeit mit den Four Rooms of Change zeigt sich, dass die Arbeit mit den Four Rooms den Lehrkräften nicht mehr Zeit raubt, sondern mehr Zeit schenkt.

Die Erfahrung aus der Arbeit mit Erwachsenen in der Schule zeigt, dass man sich mehr auf die gemeinsame Aufgabe konzentriert und statt über Probleme in der Schule zu sprechen, mehr Zeit damit verbringt, ein gutes Arbeitsklima zu schaffen. Es ist ein einfaches Instrument, das es Lehrern und anderen Gruppen ermöglicht, effektiv in Teams zu arbeiten. Im Allgemeinen ist es viel einfacher, Dinge zu erledigen, die vorher schwierig waren. Es macht es auch für die Kollegen einfacher, sich gegenseitig Feedback zu geben. Die Schulleitung gab an, dass sie systematischer arbeiten können.

Eine denkwürdige Bemerkung einiger Schüler, die ich interviewt habe, war: " *Man kann nicht blöd zu jemandem sein, der in der Leugnung ist, diese Person fühlt sich wahrscheinlich nicht gut oder ist traurig.* "

Eine andere Schülerin erzählte mir, dass sie das Modell mit nach Hause genommen und am Kühlschrank der Familie aufgehängt hatte und dann sagte: " *Es wurde viel einfacher für Mama und Papa zu verstehen, was ich fühle und empfinde...* "

Wie es schon die Erfahrungen der IKEA-Organisation zeigen, werden auch in Schulen erfolgreiche Ergebnisse erzielt, wobei die Stärke in der Einfachheit des Modells liegt.

Four Rooms of Change und andere Change und Development Ansätze

4. Four Rooms of Change und andere Change and Development Ansätze

In diesem Kapitel wird beschrieben, wie die Four Rooms of Change zu anderen bewährten und hilfreichen Ansätzen für Entwicklung und Veränderung eingesetzt werden können. Wir sehen es nicht als ein Entweder/Oder, sondern haben in der Praxis festgestellt, dass die Four Rooms andere Ansätze noch effektiver machen können. Wir möchten auch einige grundlegende Gedanken teilen, um das Verständnis der Four Rooms of Change Theorie zu vertiefen.

4.1 House of Change: Die unzureichende Kopie für heutige Herausforderungen

Dr. Angelika Schrand

Der ursprüngliche Ansatz wird in vielen Ländern zur Unterstützung von Veränderungs-, Innovations- und Entwicklungsprozessen bei Einzelpersonen, Teams und Organisationen eingesetzt - und wurde in der Vergangenheit oft vereinfacht.

Wie und warum ist dies geschehen?

House of Change - nicht der ursprüngliche Ansatz von Claes Janssen

Wenn Sie im Internet suchen, werden Sie viele verschiedene Versionen der Four Rooms of Change finden. Die Four Rooms sind in ein Haus integriert, was verständlich erscheint, da Claes Janssen schrieb: "Four Rooms sind in uns allen".

Dann wird es lebendig. Der Raum der Zufriedenheit wird nicht in Zufriedenheit übersetzt, sondern sogar als "Selbstzufriedenheit" missverstanden. Der Raum der Leugnung wird als Ablehnung und Widerstand beschrieben. Im Raum der Verwirrung wird der wichtigste Punkt des Raumes, der Nullpunkt, überhaupt nicht erwähnt. Ein Keller wird hinzugefügt oder ein sonniger Balkon.

Alles ist möglich, aber es hat nichts mit den Ergebnissen der Forschung von Claes Janssen zu tun.

Die Frage ist nun: Wie kam es zu dieser Entwicklung und warum ist das Original Four Rooms nicht besser bekannt? Ist das House of Change wirklich eine Kopie, ein Plagiat, und was sind die wichtigsten Unterschiede zum Original?

Unterschiede zwischen dem House of Change und dem Original

Die Four Rooms of Change wurden auf der Grundlage von Claes Janssens Forschungen über die beiden unterschiedlichen Sichtweisen auf das Leben entwickelt.

Er nennt es den inneren JA/NEIN-Konflikt und die daraus resultierenden Einflüsse auf die Phasen der Veränderung. Die Four Rooms of Change wurden auf dieser Basis entwickelt. Das House of Change/oder Change House und die zusätzlichen Räume haben nichts mit den wissenschaftlichen Erkenntnissen von Claes Janssen zu tun und sind auch in der Praxis nicht notwendig.

Darüber hinaus werden sie in der Praxis oft falsch eingesetzt. So wird Managern beispielsweise gesagt, dass sie ihre Mitarbeitende aus dem Raum der Zufriedenheit herausholen sollen, um Veränderungen zu erreichen. Aber: Der Raum der Zufriedenheit schafft Produktivität und Effizienz, und der Versuch, alle Mitarbeitende in die Leugnung oder Verwirrung zu stürzen, ist absurd und kontraproduktiv.

Wie alle, die sich mit Veränderungen befassen, wissen, ist es schwierig, den Menschen klarzumachen, dass sich die Dinge verändert haben. Der Wunsch, zur "alten Zufriedenheit, wie die Dinge früher waren", zurückzukehren, geht nicht in Erfüllung. Eben weil sich die Dinge verändert haben.

Nicht die Zufriedenheit selbst ist die große Herausforderung, sondern der Übergang von der **falschen Zufriedenheit** hin zu einer **neuen Zufriedenheit**.

Falsche Zufriedenheit ist die unbewusste Weigerung zu erkennen und zu akzeptieren, dass Veränderung notwendig ist und dass man dann durch den Raum der Verwirrung gehen muss - mit all den Unsicherheiten und negativen Gefühlen. Dies ist der einzige Weg, um zu einer neuen Zufriedenheit zu gelangen.

Es ist wichtig, dass Einzelpersonen durch die Räume gehen, nicht Organisationen oder Teams.

Wenn sich zum Beispiel eine Organisation verändert, sind manche Menschen begeistert, weil sie die neue Richtung für richtig halten. Andere halten die Veränderung für richtig, wissen aber nicht, was sie für sie bedeutet - und sind eher verwirrt. Es geht also jeder einzeln durch die Räume.

House of Change: einfach, aber unzureichend

Ein zentrales Ergebnis der Forschungen von Claes Janssen war, dass Menschen mit Veränderungen unterschiedlich umgehen, je nachdem, welche Sichtweise sie auf das Leben haben. Es ist daher falsch anzunehmen, dass sich alle Menschen in den gleichen Situationen in den gleichen Räumen befinden. Dies wird insbesondere durch die Resilienzforschung bestätigt.

Die im House of Change aus der Managementperspektive heraus entwickelte vereinfachende Annahme, dass alle gleichzeitig durch die Räume "geführt" werden sollten, ist daher nicht geeignet, Veränderungsprozesse erfolgreich zu managen.

Organisationen verändern sich nicht in gleichem Tempo. Das Ziel ist es, so viele Menschen wie möglich in den Räumen der Zufriedenheit und Inspiration zu halten. Wenn es Klarheit über Ziele, Strategien und die eigene Rolle gibt, wenn man sich aufeinander verlassen kann, wenn psychologische Sicherheit und Vertrauen im Team vorhanden sind, ist es viel einfacher, neue Ideen und Herausforderungen mit Energie und gemeinsam anzugehen.

Dies geschieht im Raum der Inspiration. Die beiden Räume der Zufriedenheit und der Inspiration beeinflussen sich gegenseitig positiv, genauso wie die beiden Räume der Leugnung und der Verwirrung sich gegenseitig negativ beeinflussen.

Ein kurzer Überblick über das ursprüngliche Janssen-Modell®.

Je nach Situation befinden wir uns in einem anderen Raum. Unsere Lebensperspektive, d.h. wie viel Stabilität, Sicherheit und Zugehörigkeit wir brauchen, oder wie sehr wir "das Richtige tun" wollen, oder unser Drang nach Freiheit, beeinflusst, WIE wir durch die Räume gehen und wie leicht oder schwer es uns fällt, die notwendigen Entscheidungen zu treffen. Claes Janssen nennt diesen Schritt den "NULL-Punkt": den Moment des Loslassens von Vergangenem. Es ist ein entscheidender Schritt im Veränderungsprozess, der jedoch im Haus der Veränderung überhaupt nicht vorkommt.

Four Rooms bietet einen systemischen Ansatz für den Wandel, der sowohl die individuelle als auch die organisatorische Ebene berücksichtigt und Instrumente für den Umgang mit und die

Bewältigung von Veränderungen ganzheitlich anbietet. Er entspricht eher dem in den letzten Jahrzehnten entwickelten Leading Change-Ansatz, der über Change-Management hinausgeht.

Change-Management ist das kontrollierte, gut geplante Management eines definierten Veränderungsprozesses, bei dem Störungen so weit wie möglich vermieden werden und alles unter Kontrolle gehalten wird. Kleine, geschulte Teams managen das Projekt.

Das House of Change als Ausdruck seiner Zeit im Change-Management

Das House of Change wurde in den 1990er Jahren von Paul Kirkbride in Zusammenarbeit mit der Ashridge School entwickelt. Die Four Rooms of Change wurden vereinfacht und mit zusätzlichen Räumen wie Keller oder Balkon versehen, um die extremen Erscheinungsformen menschlichen Verhaltens in Veränderungsprozessen darzustellen und den Anforderungen des Veränderungsmanagements gerecht zu werden:

Bewältigung von Veränderungsprojekten in geplanter und kontrollierter Weise und mit so wenig Unterbrechungen wie möglich.

Im Zusammenhang mit Beschreibungen des Veränderungsmanagements ist diese Vereinfachung verständlich, wenn man davon ausgeht, dass "Menschen" auf die gleiche Weise gesteuert werden können wie Prozesse.

Das House of Change oder Change House Modell ist ein klares und hilfreiches Modell dafür.

Es entspricht dem verständlichen Wunsch vieler nach einem **How to Handbuch** und vermittelt mit seinen sehr hilfreichen Empfehlungen, wie Veränderungsprojekte möglichst reibungslos und erfolgreich durchgeführt werden können, dies erzeugt ein Gefühl von Sicherheit.

Im Laufe der Jahre wurde es von der bekannten Ashridge Business School und vielen anderen Anbietern in Managementschulungen integriert und geschult, entsprach der damaligen Managementtheorie und hatte eine viel größere Reichweite als das schwedische Beratungsunternehmen, das mit dem Original arbeitete.

Aber wie wir alle wissen, sieht die Realität anders aus, selbst bei überschaubaren Veränderungsprojekten. Die hohe Misserfolgsquote von bis zu 70 % bei Veränderungsprojekten hat viel damit zu tun, wie die Beteiligten in den verschiedenen Rollen eingebunden sind.

Wenn es jedoch um komplexere Veränderungen geht, an denen viele Menschen beteiligt sind, reichen die herkömmlichen Methoden des Veränderungsmanagements nicht mehr aus.

Four Rooms für Change Leader in Zeiten vielfältiger Krisen und Veränderungen

Change Leadership konzentriert sich auf die Vision, die Strategie und die Motivation im Zusammenhang mit der Umsetzung einer Veränderungsinitiative.

Change Leader sind der **Motor** dieser Initiativen, führen und motivieren ihre Teams während des gesamten Umsetzungsprozesses. Jeder, der über das Managen von Veränderungsprojekten hinausgehen möchte und an die Bedeutung der Einbeziehung von Menschen in Veränderungsprozesse glaubt, sollte das Original verwenden.

Die Bereitschaft zur Veränderung wird von Anfang an gestärkt. Die Four Rooms of Change werden nicht einfach gelehrt, sondern direkt durch die eigene Erfahrung entwickelt. In einem von Claes Janssen über einen Zeitraum von 7 Jahren entwickelten Prozess erarbeiten die Beteiligten die Four Rooms selbst, entwickeln ein besseres Verständnis dafür, warum sie anders handeln und haben eine gemeinsame Sprache, um mit der emotionalen Ebene in Veränderungsprozessen umzugehen und **so Störungen zuzulassen**, nicht wegzudrücken, sondern sie konstruktiv zu bearbeiten.

Es ist ein Ansatz, der die von komplexen Veränderungen Betroffenen einbezieht und sie zu Beteiligten macht, wie es in der klassischen Organisationsentwicklung gefordert wird. Der Ansatz gibt Veränderungsmanagern und -beratern eine Reihe von Instrumenten an die Hand, um die individuelle und organisatorische Entwicklung sowie die Fähigkeit zur Veränderung zu unterstützen.

Das House of Change ist immer noch überall im Internet zu sehen, und wie Claes Janssen schrieb: *"Die Gedanken sind frei"*.

Es wird oft gesagt, dass das Modell auf ihn zurückgeht - aber die Frage ist: Warum sollte man dann nicht das viel bessere und effektivere Original verwenden?
Die Ashridge Business School beschloss 2004, die "Four Rooms of Change" zu verwenden, das Original.

Anna Wilson

Eine Führungskraft, die das Modell der situativen Führung anwendet, ist eine Führungskraft, die in der Lage ist, ihren Führungsstil und ihre Herangehensweise schnell an unterschiedliche Situationen der Mitarbeitende und deren Veränderungen anzupassen. Das grundlegende Modell „Situational Leadership" wurde in den 1960er Jahren von Paul Hersey und Ken Blanchard entwickelt. Es ist eines der am weitesten verbreiteten in der Welt. Kurz gesagt, als Führungskraft passt man seinen Ansatz und seine Arbeitsmethoden an die Situation eines Mitarbeitenden an.

Führung an die individuellen Bedürfnisse der Mitarbeitende anzupassen bedeutet, zunächst die Situation und die Mitarbeitenden einzuschätzen und dann zu dem Stil überzugehen, der zu ihnen passt. Aus dieser Perspektive ist die ultimative Führungskraft diejenige, die die Flexibilität hat, zwischen dem Maß an Unterstützung oder Führung zu wechseln, das zu einem bestimmten Zeitpunkt benötigt wird.

Mit Situation ist hier gemeint, das es darum geht zu klären, welche internen und externen Faktoren die Mitarbeitenden in einer bestimmten Situation beeinflussen. Eine Person, die neu im Job ist, braucht zum Beispiel einen anderen Führungsstil als eine erfahrene Person, die das Unternehmen in- und auswendig kennt. Das bedeutet, dass man als Führungskraft flexibel sein muss und in der Lage sein muss, seinen Führungsstil je nach Situation zu ändern.

Hersey und Blanchard argumentieren, dass man die Mitarbeitenden auf seinem Level trifft und unterstützt, wenn man sich von der Situation leiten lässt.

Jeder Mitarbeitende hat andere Bedürfnisse, z. B. Erfahrung, Stärken, Unabhängigkeit und Selbstvertrauen. Anstatt das gleiche Führungsverhalten auf alle im Team anzuwenden, passen Sie sich an, um jede Person dort am besten zu fördern, wo sie sich gerade befindet.

Das Modell der Situativen Führung

Das Modell selbst basiert auf vier Bereichen, die verschiedene Führungsstile und -situationen darstellen. Doch bevor wir die verschiedenen Bereiche durchgehen, kann es nützlich sein, ein grundlegendes Verständnis dafür zu haben, wie das Modell funktionieren soll.

Der Schwerpunkt liegt auf dem einzelnen Mitarbeitende oder dem, was Hersey und Blanchard als "Follower" bezeichnen. Daher kann das Modell nicht auf eine ganze Organisation oder Gruppe von Menschen angewandt werden, sondern erfordert, dass jeder Einzelne in der Gruppe separat behandelt wird. Es gibt natürlich Ausnahmen, in denen ein Führungsstil auf mehrere passen kann, z. B. auf eine Gruppe neuer Mitarbeitende.

Als Führungskraft müssen Sie darauf vorbereitet sein, je nach Situation zwischen verschiedenen Führungsstilen zu wechseln, was ein gewisses Maß an Flexibilität erfordert.

Mit Hilfe des Modells können Sie die Entwicklung jedes einzelnen Mitarbeitende verfolgen und Ihre Führungsqualitäten entsprechend den Veränderungen der Situation weiterentwickeln. Sie können möglicherweise beobachten, wie sich jemand von einem neuen Mitarbeitende zu einem alten Hasen entwickelt.

Die Synergien der beiden Modelle

Um die Synergien zwischen dem Situational Leadership Modell und den Four Rooms of Change zu finden, sollten wir uns direkt mit den Unterschieden zwischen den Theorien befassen.

Zum Beispiel:

Ich bin ein neuer Mitarbeitende in meiner Rolle oder Aufgabe, und mein Vorgesetzter leitet mich aufgrund der gegebenen Arbeitssituation an, in der ich mich gerade befinde.

Wenn wir aber nicht wissen, wie ich mich wirklich fühle oder wie es mir in den Four Rooms geht, unabhängig von der Arbeitssituation, in der ich mich befinde, nützen die Versuche meines Vorgesetzten, mir die richtige Führung zu geben, nichts.

Viele Führungskräfte und Manager, die in beiden Modellen geschult sind, können diese Synergien sofort erkennen. Die Schlüsselbegriffe, die die Verhaltensweisen in den verschiedenen Räumen und Phasen der Modelle beschreiben, sind im Bereich Management/Führung weitgehend identisch.

Ein Beispiel war, dass einer der von mir gecoachten Manager Schwierigkeiten mit einem Mitarbeitende hatte. Obwohl der Manager über gute situative Führungsfähigkeiten verfügte, konnte er die Mitarbeitenden nicht dazu bringen, die gewünschten Ergebnisse zu erzielen. Nachdem der Manager ein Training der Four Rooms of Change absolviert hatte, begannen sich die Dinge zu verbessern. Er antwortete, dass er jetzt verstehe, welche Schwierigkeiten mit der Arbeit des Mitarbeitende zusammenhingen, aber auch, welche Schwierigkeiten mit dem Mitarbeitende im Allgemeinen und in seinem Privatleben zusammenhingen, und umgekehrt, wenn es darum gehe, welche Situation für den Mitarbeitende wünschenswert sei.

Der Manager fand es viel einfacher, seine Mitarbeitenden zu coachen und zu unterstützen, und als er das Wissen dann auf andere Mitarbeitende und Teams anwandte, gab es große Unterschiede und bessere Ergebnisse.

Manager und Führungskräfte beschreiben, dass unabhängig von anderen Führungsmodellen, die sie anwenden oder in denen sie geschult sind, eine Schulung in Janssens Modell und den Four Rooms of Change von unschätzbarem Wert ist.

Der Grund dafür sei, dass Sie mit Hilfe der Four Rooms feststellen können, wo sich Einzelpersonen, Gruppen oder Organisationen in einer aktuellen Situation befinden. Und darauf aufbauend könnten sie dann das richtige Führungsmodell für diese Situation anwenden. Alle haben auch die Erfahrung gemacht, dass das Gefühl der Beteiligung, das gesehen und gehört zu werden durch die Führungskraft sowie die Motivation der Mitarbeitenden gewachsen sind.

Und sie sind sich einig, dass jeder die Four Rooms of Change als Grundausbildung und -wissen erhalten sollte, wenn es um unsere zwischenmenschlichen Beziehungen, Kommunikation, Führung und insbesondere um Veränderungen geht.

Die Ergebnisse sind mehr Verständnis, bessere Kommunikation, schnellere und effizientere Prozesse, aber vor allem wird das Wohlbefinden der Menschen gesteigert.

Dr. Angelika Schrand, Anna Wilson

Das achtstufige Veränderungsmodell von Kotter wurde mit dem Ziel eingeführt, Organisationen bei ihrer Veränderungsarbeit zu unterstützen. Das Modell wurde auf der Grundlage der langjährigen Erfahrung von John. P. Kotter in der praktischen Veränderungsarbeit entwickelt, sowohl in gescheiterten als auch in erfolgreichen Projekten. Es zeigt typische Probleme auf, die in einem Veränderungsprozess auftreten und verheerende Folgen haben können.

Dazu gehören Versäumnisse bei der Umsetzung von Veränderungen, Veränderungen, die zu lange dauern und zu viel kosten, sowie Übernahmen oder Fusionen, die nicht die erwarteten Synergien bringen.

Harvard-Professor Dr. John P. Kotter ist einer der weltweit führenden Experten für organisatorische Veränderungen. Er schrieb 1996 das Buch Leading Change und einige Jahre später dessen Fortsetzung The Heart of Change. Darin beschreibt er die acht Schritte zum Erreichen des gewünschten Wandels und wie wichtig es ist, Menschen in den Veränderungsprozess einzubeziehen. Der Wandel wird eher durch emotionales Engagement als durch logische Analysen und Berechnungen vorangetrieben, und es ist wichtig, den Wandel in der Führung zu verankern. Die 8 Schritte sind in einem kurzen Überblick zusammengefasst:

Schaffen Sie ein Gefühl der Dringlichkeit: Inspirieren Sie die Menschen, mit Leidenschaft und Zielstrebigkeit zu handeln, um eine kühne, aufstrebende Gelegenheit zu erreichen.

Bilden Sie eine Führungskoalition: Bilden Sie eine Gruppe mit genügend Macht, um die Veränderungsbemühungen anzuführen, und ermutigen Sie die Gruppe, als Team zu arbeiten.

Entwicklung einer strategischen Vision und von Initiativen: Entwickeln Sie eine Vision, um die Veränderungsbemühungen zu lenken, und entwickeln Sie Strategien, um diese Vision zu erreichen.

Gewinnen Sie eine Armee von Freiwilligen: Kommunizieren Sie die Vision und Strategie so vielen Menschen wie möglich, um ihr Engagement zu gewinnen.

Ermöglichung von Maßnahmen durch Beseitigung von Hindernissen: Beseitigen Sie Hindernisse für den Wandel, ändern Sie Systeme oder Strukturen, die die Vision untergraben.

Erzielen Sie kurzfristige Erfolge: Planen und schaffen Sie kurzfristige Erfolge, um nachzuweisen, dass sich die Bemühungen auszahlen.

Beschleunigung aufrechterhalten: Nutzen Sie die erhöhte Glaubwürdigkeit, um Systeme, Strukturen und Politiken zu ändern, die nicht zur Vision passen.

Den Wandel einleiten: Verankern Sie neue Ansätze in der Kultur, um sicherzustellen, dass sie Bestand haben.

Jeder Schritt des Modells beschreibt, was getan werden muss, um in die richtige Richtung zu gehen, aber auch die häufigsten Fehler, die bei vielen Veränderungsprozessen gemacht werden. Wie ein roter Faden ziehen sich die acht Schritte durch die Bedeutung der Schaffung eines Gefühls der Dringlichkeit während des gesamten Prozesses. Ein Gefühl der Dringlichkeit hält den Schwung aufrecht. Die acht Schritte führen die Organisation durch drei Hauptphasen eines Veränderungsprozesses.

Auch wenn dieser klare Fahrplan, die Konzentration auf die Menschen und die Schaffung von Impulsen durch kurzfristige Erfolge bei Veränderungsprozessen äußerst hilfreich sind, besteht der Hauptkritikpunkt darin, dass das Modell zu linear und sequenziell ist und nicht die komplexe und iterative Natur von Veränderungsprozessen in der realen Welt widerspiegelt. Kotter entwickelt seinen eigenen Rahmen zum Accelerate (XLR8) Modell weiter. In seinem Buch Accelerate integriert er eine agilere, netzwerkartige Struktur, die eine größere Flexibilität und schnellere Reaktion ermöglicht.

Den Change beenden und fixen oder beenden und leistungsfähiger werden

Dieses Modell ist ein gutes praktisches Modell für einen Veränderungsprozess. Was jedoch den Erfolg der Transformation sicherstellt, ist das Wissen darüber, wie wir als Einzelpersonen, Gruppen und Organisationen bei Veränderungen und Entwicklung funktionieren. Dieses Wissen wird in den Four Rooms of Change gewonnen.

In jeder Phase eines Veränderungsprozesses und in jeder informellen oder formellen Gruppe sind wir Individuen mit Emotionen, und wir befinden uns in verschiedenen Räumen. Für Menschen, die Veränderungen vorantreiben, ist das Wissen um die Four Rooms äußerst hilfreich, um den emotionalen Status transparent zu machen und viele Missverständnisse und Konflikte zu vermeiden - oder mit den Konflikten auf konstruktive und respektvolle Weise umzugehen. Sie sehen, dass die Four Räume die Menschen in die Lage versetzen, ihre Arbeit in jedem Schritt des Veränderungsprozesses zu erledigen. Es hilft, besser zu kommunizieren, indem es davon ausgeht - oder besser fragt, in welchen Räumen sie sich in Bezug auf die Vision, Strategie, Ziele, Entscheidungen oder den Umsetzungsplan befinden. Und es vermeidet, Menschen in eine Widerstandsbox zu stecken. Es fördert die Bereitschaft zur Mitwirkung und die Fähigkeit zur Veränderung im Allgemeinen, die in Zeiten ständiger, permanenter Veränderungen erforderlich ist

Das Modell von Kotter beschreibt, was in jeder Phase getan werden muss, um Beteiligung und Engagement zu erzeugen. Erfahrungen und Analysen zeigen, dass wir mit Veränderungsprojekten immer noch nicht wirklich erfolgreich sind, die häufigste Zahl liegt bei 25 %.

Wir sind vielen Managern und Führungskräften begegnet, denen es trotz eines guten Modells wie den 8 Schritten von Kotter nicht gelingt, alle Beteiligten auf den Weg der Veränderung zu bringen. Es dauert länger als geplant und wird sowohl für den Prozess als auch für die beteiligten Personen teurer.

Wir sehen, dass wir mit dem Wissen darüber, wie Individuen im Wandel funktionieren, auch verstehen, reagieren, kommunizieren und führen können, basierend auf diesem Wissen. Deshalb sind wir der Meinung, dass Four Rooms die 8 Steps oder die neueren 8 Accelerators noch leistungsfähiger macht und auch nach Abschluss des konkreten Veränderungsvorhabens eine Grundlage bietet, die Organisation veränderungsfähiger und leistungsfähiger zu machen.

4.3 Anwendung im Coaching kombiniert mit dem Solution Focus Ansatz

Giuliano Tarditi

In diesem Kapitel werde ich Ihnen von meinen Erfahrungen berichten, wie ich das Modell der Four Rooms of Change im Einzelcoaching anwende.

Als ich 2016 den Zertifizierungskurs der Four Rooms of Change absolvierte, war ich bereits seit mehreren Jahren als professioneller Coach tätig und erkannte sofort, dass das Four Rooms Modell sehr genau das abbildet, was in einem Coaching-Prozess mit einem Coachee passiert.

Sehr oft beginnt mein Klient, mein Coachee, den Coaching-Prozess, um ein Problem zu lösen oder eine Schwierigkeit zu überwinden, und er steckt in der Regel ein wenig in der Situation fest und weiß nicht, wie er aus ihr herauskommen soll.

Als ich begann, mich mit dem Four Rooms Modell vertraut zu machen, sah ich deutlich, dass die meisten meiner Coachees sich zu Beginn im Raum der Leugnung oder der Verwirrung befanden.

Dann begann ich, meine Coaching-Praxis im Kontext der Four Rooms anzuwenden, mit dem Ziel, einen Klienten aus der Leugnung und Verwirrung herauszuholen.

"Wenn ein Coachee in der Verwirrung ist, muss er Klarheit schaffen".
Eines der nützlichsten Werkzeuge, um Klarheit zu schaffen, ist der **Solution Focus Ansatz**[1].Diese Technik ermöglicht es der Person, sich auf die Lösung, statt auf das Problem zu konzentrieren.
Nachdem der Coachee zum Beispiel sein Problem erklärt und beschrieben hat, fragen Sie ihn sofort: "Was würden Sie sich

stattdessen wünschen?", "Was sollte passieren, wenn die Dinge so laufen würden, wie Sie es sich wünschen?"

Dieser Ansatz bringt die Menschen dazu, die ideale Situation, die bevorzugte Zukunft zu beschreiben, anstatt sich auf das Problem zu konzentrieren.

Ein Coaching-Gespräch nach dem lösungsfokussierten Ansatz:

Situation
Was ist die Problemlage?

Definition des Ziels ausgehend von den erwarteten Ergebnissen
Wie kann ich Ihnen helfen?
Was ist Ihr Ziel?
*Wenn das Problem gelöst wäre, **was** wäre dann anders, nur für Sie?*
*Wenn das Problem gelöst wäre, **wie** wäre es anders, nur für Sie?*

Die bevorzugte (oder erwünschte) Zukunft
Angenommen, Sie ... könnten Ihre Ziele erreichen; was würden Sie in diesem Szenario anders machen?
Angenommen, Ihr Chef würde sich so verhalten, wie Sie es sich wünschen: Wie würden Sie die Dinge ändern?
Was würden Sie dann tun, was Sie jetzt nicht tun?

Visualisieren der Lösungen (Skalierungsfrage)

Bevorstehende FORTSCHRITTE
Ich denke über das Problem nach, mit dem Sie heute gekommen sind,
Auf einer Skala von 1 bis 10,
10 = Sie haben Ihre Ziele vollständig verwirklicht, wo stehen Sie jetzt?

Wodurch unterscheidet sich dieser Wert von 1?

Anzeichen von Fortschritt
Stellen Sie sich vor, Sie könnten sich nach X + 1 bewegen.
Was werden Sie sagen, dass Sie in dieser Hinsicht einen Schritt
nach vorne gemacht haben?
Was würden Sie dann tun, was Sie jetzt noch nicht tun?

Schlussfolgerung
Festlegung des ersten Schrittes oder eines Aktionsplans

Anwendungsfall im Business Coaching:

Ich gebe Ihnen ein Beispiel aus dem Business Coaching. Der Fall
ist real, der Name ist fiktiv.

Ich treffe meine Coachee Stefania, eine Managerin, die für eine
Gruppe von etwa 20 Personen verantwortlich ist, und sie erzählt
mir von ihrer problematischen Situation.

Stefania erzählt mir, dass es eine Umstrukturierung geben wird
und dass ihre Abteilung um 3 Mitarbeitende verkleinert werden
soll. In den ersten 20-30 Minuten unseres Gesprächs erzählt mir
Stefania, oder besser gesagt, sie beklagt sich darüber, dass ihre
Abteilung (und auch das gesamte Unternehmen) bereits vor 2
Jahren umstrukturiert wurde; sie beklagt sich darüber, dass sie
jetzt schon so viele Aufgaben hat und nicht weiß, wie sie diese
mit 3 Mitarbeitende weniger bewältigen soll. Sie steht schon jetzt
unter Druck, arbeitet sehr lange, findet nicht die Zeit, sich ihrem
Team zu widmen, um es so zu führen, wie sie es gerne hätte. Sie
sagt, sie habe keine Zeit, über Strategien nachzudenken, sondern
sei sehr auf das Tun, Tun, Tun konzentriert.

Sie sagt, dass sie bei der letzten Umstrukturierung aufgrund des
Leistungsdrucks, den sie aushalten musste, fast einen

Nervenzusammenbruch erlitten hätte. Und sie sagt, sie wolle nicht noch einmal dieselbe Erfahrung machen. Ich stelle einige bohrende Fragen und sie antwortet, dass sie schon weiß, wie es enden wird und dass es wie beim letzten Mal enden wird.

Ich frage sie, ob sie mit ihrem Chef darüber gesprochen hat, und sie antwortet: Nein, es ist sowieso sinnlos...."

Sie ist untröstlich, fast resigniert, sie sieht keine Alternative zu dem, was in der Vergangenheit bereits geschehen ist. Sie hat fast dauerhaft gesprochen und sich immer vorgestellt, dass ihre unmittelbare Zukunft genauso schlimm sein wird wie das, was in der Vergangenheit geschehen ist.

Ich wollte, dass sie sich **ein Ziel** setzt, also fragte ich sie: Was hätten Sie stattdessen gerne?

Coachee: Die Projekte zu erledigen, die mit weniger Menschen durchgeführt werden können, anstatt alles, was wir heute tun, mit mehr Menschen zu tun.

Ich bat sie, die ideale Situation, die bevorzugte Zukunft zu beschreiben: Können Sie mir beschreiben, was passiert, wenn die Dinge so laufen, wie Sie es sich wünschen? (denken Sie daran: sprechen Sie im Präsens, so wie es jetzt geschieht).

Coachee: Wir einigen uns mit dem Chef und dem Vorstand auf die vorrangigen Projekte, und wir werden sie durchführen. Wenn wir mehr Anfragen für Projekte erhalten, insbesondere vom Verwaltungsrat, einigen wir uns darauf, welche der Aktivitäten, die wir heute durchführen, voranzutreiben sind, und wir ordnen die Prioritäten neu. "

Ich bat sie, eine erste Maßnahme festzulegen: Was ist das erste, was getan werden muss, um in die Richtung zu gehen, die Sie gerade beschrieben haben?

Coachee: Ich muss die Prioritäten mit dem Chef abstimmen: die wichtigsten Projekte festlegen und sie zuerst in Angriff nehmen. Und zweitens gehen wir zu einer Sitzung, um die Prioritäten mit dem Vorstand abzustimmen, bevor wir mit der Arbeit an den Projekten beginnen.

Ich frage nach den Unterschieden: Was ist für Sie in diesem Szenario anders?

Coachee: Ich muss mit meinem Chef Prioritäten vereinbaren, anstatt einfach loszulegen und jede Aufgabe zu erledigen, die ich bekomme!

In diesem Gespräch konzentrieren wir uns auf das, -**was Sie wollen-, nicht auf das Problem**. Ich als Coach habe es übersprungen, tiefer auf das Problem einzugehen. Die meiste Zeit wird investiert, um dem Coachee eine klare Vision der gewünschten Zukunft zu vermitteln. Die typische Abfolge der Fragen lautet wie folgt:

Beschreiben Sie mir, wie Sie sich die neue Situation vorstellen ... und erzählen Sie mir mehr, ... und was sonst noch, ... was die Leute um Sie herum tun ... und was Sie tun.

Die Energie im Coaching ist anders, weil wir uns nicht auf das Problem konzentrieren, sondern auf das, was der Coachee will. Es ist wichtig, mit der **Vision der gewünschten Zukunft** so konkret wie möglich zu sein, um die damit verbundenen positiven Emotionen zu verknüpfen. Die Four Rooms of Change ermöglicht es dem Coachee, sich zu verorten, und der lösungsorientierte Fokus macht es möglich, durch die Türen zwischen den Räumen zu gehen.

4.4 Nachhaltigkeit. Four Rooms trifft auf die Inner Develoment Goals (IDGs)

Birgit Freitag

Nachhaltigkeit ist untrennbar mit Wandel verbunden - und zwar nicht mit beliebigem Wandel, sondern mit einem komplexen, weitreichenden und systemischen Wandel, dessen Auswirkungen oft erst in mittlerer bis ferner Zukunft sichtbar werden - mit anderen Worten: mit Transformation.

Die langfristige Verankerung der Nachhaltigkeit erfordert daher einen Wandel, der die Grundsätze der Transformation auf den Kontext der Nachhaltigkeit anwendet. Die methodischen Ansätze des klassischen Wandels haben ihren Platz in der Transformation, aber sie sind nicht ausreichend. Dieser tiefgreifende Wandel erfordert mehr als methodische Ansätze; er erfordert eine grundlegende Änderung der Einstellung.

Gleichzeitig wird die Bedeutung der Nachhaltigkeit für Organisationen immer wichtiger (um zu überleben), so dass die Umwandlung in eine nachhaltige Organisation für eine sichere, regenerative Zukunft unumgänglich ist.

Doch trotz der Notwendigkeit und Dringlichkeit handeln wir oft zu langsam. Hier bieten Four Rooms of Change in Kombination mit den inneren Entwicklungszielen (IDG) einen wertvollen Rahmen, um diesen Wandel konkret und realisierbar zu machen.

Warum fällt es uns so schwer, nachhaltig zu handeln?

Nachhaltigkeit und nachhaltiger Wandel als Querschnittsthema berührt alle Aspekte, die unsere mentale Abwehr auslösen: Es ist komplex, es erfordert ein Umdenken, um die gewünschten

Ergebnisse zu erzielen, und diese Ergebnisse werden sich nur langfristig auswirken, aber sie erfordern aktuelle, kurzfristige, umfassende Entscheidungen und Maßnahmen.

Wir erleben Reaktionen wie Verlustangst und Ungewissheit, empfinden ein offensichtliches Missverhältnis zwischen dem, was von uns verlangt wird, und dem, was wir bereit sind zu geben, basierend auf einer Einstellung, die Veränderungen eher als Bedrohung denn als Chance betrachtet ("Was ist die Veränderung wert?").

Unsere neurobiologischen und psychologischen Überlebensmechanismen (Abwehrmechanismen), die sich über Millionen von Jahren entwickelt haben, können im Kontext eines nachhaltigen Wandels zu Hindernissen werden. Sie stehen dem für eine regenerative Zukunft notwendigen Handeln buchstäblich im Weg. Infolgedessen fällt es uns schwer, Veränderungen aktiv mitzugestalten. Hier kommt die innere Entwicklung ins Spiel: Wenn wir uns unserer Abwehrmechanismen bewusstwerden, ist das der Ausgangspunkt für Veränderungen und neue Verhaltensweisen. Die innere Entwicklung umfasst unsere Denkmuster, Werte und Einstellungen, die sich in unserem emotionalen Erleben und Verhalten niederschlagen. Doch wohin führt diese Entwicklung? Welche Denkweisen, Einstellungen, Werte und Fähigkeiten sind erforderlich, um die gewünschten Veränderungen zu ermöglichen?

Orientierung und Kompass durch Verknüpfung der Ziele der IDG's und der Four Rooms of Change

Die **Inner Development Goals (IDGs)** sind eine wertvolle Orientierungshilfe für die innere Entwicklung. Die IDGs sind eine Initiative (NGO), die sich der Verbreitung und Förderung von wissenschaftsbasierten Fähigkeiten und Qualitäten widmet, die uns auf individueller und kollektiver Ebene dabei unterstützen, ein

132

sinnvolles, nachhaltiges und produktives Leben zu führen und so zur Erreichung der Ziele für nachhaltige Entwicklung (SDGs) beizutragen. Die **17 SDGs - Sustainable Development Goals** - bilden den äußeren Zielrahmen. Die Erreichung dieser Ziele erfordert eine interne Entwicklung, die durch 23 Schlüsselkompetenzen und -qualitäten (die IDGs) gewährleistet wird:

Interne Entwicklung für externen Wandel.

Diese sind in fünf Gruppen unterteilt: Sein, Denken, Beziehung, Zusammenarbeit und Handeln.

Das IDG Framework [1] stellt die Fähigkeiten und Qualitäten der 5 Cluster vor:

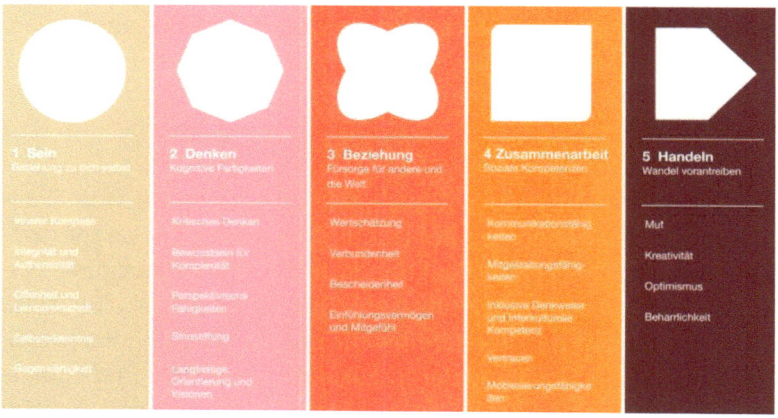

Diese innere Entwicklung ist ein wesentliches Element einer kontrollierten, aktiven Transformation, anstatt sie passiv geschehen zu lassen - im Sinne von A. Novy "Change by Design instead of Disaster" [2]

Doch was bedeutet innere Entwicklung und wie erhalten wir Zugang zu diesen inneren Qualitäten?

Das Modell der Four Rooms o Change von Claes Janssen bietet einen wertvollen Ansatz zum Verständnis und zur Klassifizierung der emotionalen und kognitiven Reaktionen (Verhalten) auf Veränderungen. Ein Kompass, der Auskunft über unseren inneren Zustand gibt.

Dieses Modell macht deutlich, dass wir uns ständig in einem von Four Rooms befinden - Zufriedenheit, Verleugnung, Verwirrung oder Inspiration. Jeder dieser Räume hat eine wesentliche Funktion im Veränderungsprozess. Als emotionaler Puls-Check hilft uns das Modell, innezuhalten und uns zu fragen:

> Wie fühle ich mich im Moment? Wo stehe ich? Wie nehme ich die Veränderung wahr? Welcher neue Raum wird sich öffnen, wenn ich bereit bin, meine Perspektive zu ändern und die Türen zwischen den Räumen zu öffnen?

Das Modell veranschaulicht auch, wie zwei grundlegende Sichtweisen auf das Leben - als Pole einer dialektischen Skala (persönliche Dialektik) - unsere Reaktionen und unsere Bewegung zwischen den Räumen beeinflussen. Das Bewusstsein für diese Dynamik fördert das Verständnis für unterschiedliche Perspektiven entlang der Skala und deren Auswirkungen und schafft so die Grundlage für einen konstruktiven Dialog und Konsens.

Die Verbindung von innerer Entwicklung und Veränderungskompetenz - unterstützt durch die IDGs und die Four Rooms of Change - eröffnet einen klareren Weg, nachhaltige Transformation strukturiert zu verstehen, nicht als externes Diktat, sondern als persönliche und kollektive Gestaltungsaufgabe. Daraus ist die Transformationsmatrix entstanden.

Anwendung auf die individuelle und kollektive Transformation

Die Transformationsmatrix spiegelt die beobachtete Korrelation zwischen den grundlegenden Lebenseinstellungen und der Dynamik des Wandels wider, die als Reifegrade (Entwicklungsstufen) des individuellen und organisatorischen Bewusstseins dargestellt werden.

Basic Framework Transformation Matrix (mit 5 Reifegraden, siehe Beschreibung unten)

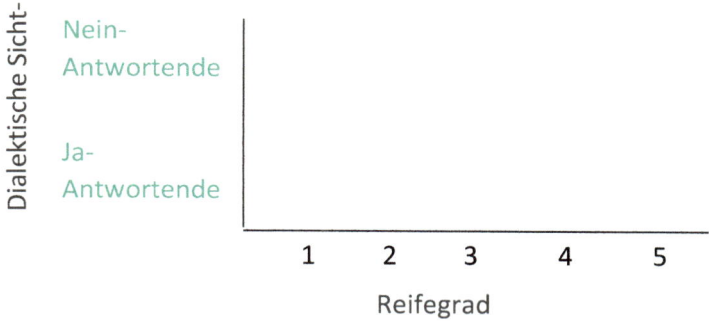

Horizontal: Reifeskala: Stadien der Bewusstseinsentwicklung
Die Skala ist in drei Gruppen mit fünf Reifegraden unterteilt:

Cluster 1 – Bewusstseinsbildung (Reifegrad 1+2):
Raum der Zensur
1. Unbewusste Zensur:
Unbewusst-unreflektiert: Veränderungen werden ignoriert oder aktiv geleugnet; bestehende Muster bleiben unangetastet.
2. Bewusste Zensur
Bewusst passiv: Anfängliches Bewusstsein für die Notwendigkeit von Veränderungen, aber kein aktives Handeln.

Cluster 2 - Erste praktische Maßnahmen (Reifegrad 3+ 4):
Raum der Verwirrung
3. Verwirrung
Forschen und Lernen: Aktive Erkundung neuer Konzepte, begleitet von Unsicherheit und Experimentieren.
Raum der Inspiration
4. Inspiration
Bewusst und engagiert: Zunehmende innere Klarheit und Verantwortung gehen Hand in Hand mit konkretem, inspirierendem Handeln.

Cluster 3 - Nachhaltigkeit als gelebte Praxis (Reifegrad 5):
Raum der Zufriedenheit
5. Verankern und Gestalten: Proaktive, widerstandsfähige und offene Haltung gegenüber Veränderungen.

Die Zuordnung der Four Rooms zu den Reifegraden der Transformationsmatrix zeigt Überschneidungen:

Die Four Rooms können daher als Reifegradskala und als schneller Leitfaden verwendet werden:

Als x-Achse bilden sie die langfristige Entwicklung eines Individuums oder einer Organisation ab und ermöglichen die Visualisierung von Fortschritten im Umgang mit Wandel und Nachhaltigkeit (nachhaltige Transformation).
Innerhalb einer Phase dienen die Four Rooms of Change als Puls-Check der aktuellen Situation.
In beiden Fällen lassen sich gezielte Entwicklungsmaßnahmen ableiten: Der Raum und die Reifegradposition beeinflussen, welche IDG-Kompetenzen aktiviert werden können oder sollten, um den nächsten Schritt auf der Reifeskala zu ermöglichen.
Vertikal: Der Einfluss der persönlichen Dialektik auf nachhaltiges Handeln. Die persönliche Dialektik von Claes Janssen beschreibt die Einstellung zum Leben und damit zur Veränderung, die die

Entwicklungsdynamik (Reaktionen und Geschwindigkeit) entlang der Reifeskala maßgeblich beeinflusst.

NEIN Antwortende:
Orientierung an Stabilität, Sicherheit und Zugehörigkeit.

JA Antwortende:
Offenheit für Eigenverantwortung, Streben nach Freiheit und Innovation.

Keine der beiden Haltungen ist besser oder schlechter, beide sind wichtig. Geistige Flexibilität - die Fähigkeit, je nach Kontext bewusst unterschiedliche Positionen einzunehmen - ist ein Zeichen für zunehmende Reife. Zunehmende Reife wiederum ist eine Voraussetzung für einen konstruktiven Dialog als Voraussetzung für den so wichtigen Konsens.

Der kombinierte leistungsstarke Ansatz: Four Rooms of Change und IDG-Kompetenzen in der Transformationsmatrix

Dialektische Skala	IDG Kompetenzen				
JA-Antwortender	Emphatie Perspektivische Fähigkeiten (Akzeptanz des Ja Anteils)	Kreativität Kritisches Denken	Kreativität Zusammenarbeit	Perspektivische Fertigkeiten Resilienz	Kreativität Zusammenarbeit
Ausbalancierte Anworten (Übergang)	Selbstwahr- nehmung - Resilienz (erste Unsicherheiten)	Resilienz Zusammenarbeit	Resilienz Kritisches Denken	Zusammenarbeit Kreativität	Perspektivische Fähigkeiten Emphatie
NEIN -Antwortender	Selbstwahr- nehmung Mitgefühl (für die Sicherheit)	Emphatie Kritisches Denken (Zweifel äußern)	Perspektivische Fähigkeiten Selbstwahrnehm -ung (über Denkmuster)	Kritisches Denken Empathie (Zugehörigkeit)	Selbstwahrnehm- ung Zusammenarbeit
Four Rooms Transformations Reifegrad	Leugnung Inbewusst/ Unreflektiert	Leugnung Bewusst-passiv	Verwirrung Suchend und Lernend	Inspiration Bewusst und committed	Zufriedenheit Verankert und kreativ
	1	2	3	4	5

Die Vielfalt der Perspektiven verstehen und nutzen

Mit wachsendem Bewusstsein nimmt auch die Fähigkeit zu, verschiedene Perspektiven zu integrieren:

- Reifegrad 1-2: Fixierung auf den eigenen Standpunkt; Perspektivwechsel wird als Bedrohung empfunden.
- Reifegrad 3-4: Wachsende Offenheit und Erkenntnis, dass die Vielfalt der Perspektiven den Horizont erweitert.
- Reifegrad 5: Die Vielfalt der Perspektiven wird als Ressource für die Entwicklung innovativer und nachhaltiger Lösungen genutzt.

Die daraus resultierende Matrix kombiniert die Reifeskala (horizontal) und die persönliche Dialektik (vertikal). Die daraus resultierenden Entwicklungsbereiche bilden die Grundlage für die gezielte Zuordnung von IDG-Kompetenzen.

Die Four Rooms-Transformationsmatrix und die IDG-Zuweisung:

1. Überwiegend NEIN Antwortende:
- Schwerpunkt: Stabilität, Sicherheit und Vertrauen.
- IDGs: Förderung des Bewusstseins für die eigenen Muster und der Empathie.

2. Ausgewogene JA/NEIN Verteilung der Antwortenden - mittlere Position.
- Schwerpunkt: Umgang mit Unsicherheit und Spannung.
- IDGs: Widerstandsfähigkeit, kritisches Denken und Zusammenarbeit.

3. Überwiegend JA Antwortende:
- Schwerpunkt: Eigenverantwortung, Innovation und Design.

- IDGs: Kreativität, Perspektivenwechsel und Zusammenarbeit.

Wie das Zusammenspiel zwischen dem IDG-Rahmen und den Four Rooms of Change konkret aussehen kann, wird im Folgenden anhand von zwei Formaten gezeigt: Anwendung im beruflichen Kontext und dann eine Anwendung im persönlichen Kontext.

Anwendung im beruflichen Kontext: Teamführung und Organisationsentwicklung

In Organisationen, die eine nachhaltige Transformation anstreben, indem sie ihre Geschäftsprozesse konsequent auf Nachhaltigkeit ausrichten, können die IDGs als Werkzeugkasten dienen, um Führungskräfte und Teams gezielt zu stärken. Dadurch wird das Bewusstsein für nachhaltiges Verhalten im Sinne einer strategischen Ausrichtung geschärft. Die Four Rooms of Change ermöglichen es Managern, den emotionalen Zustand ihrer Teams zu erkennen und IDG-Fähigkeiten zu fördern:

Zufriedenheit:
Einige Mitarbeitende fühlen sich zwar mit der aktuellen Struktur wohl, sind sich aber der kritischen Situation sehr bewusst und möchten Handlungsoptionen entwickeln.
→ Kreativität, Ausdauer und Kommunikationsfähigkeit fördern, um Ideen zu entwickeln, sie beharrlich umzusetzen und andere zu überzeugen.

Leugnung:
Andere sträuben sich gegen Veränderungen - vielleicht aus Angst, ihren Arbeitsplatz zu verlieren, oder aus mangelndem Verständnis für neue Anforderungen.
→ Vertrauen aufbauen durch Selbsterkenntnis, Einfühlungsvermögen und Wertschätzung.

139

Verwirrung:
Einige Mitarbeitende erkennen die Notwendigkeit von Veränderungen, fühlen sich aber von der Vielzahl der Anforderungen überfordert.
→ Aufbau von Resilienz und Selbstwirksamkeit, um Orientierung und Sicherheit zu geben.

Inspiration:
Einige Mitarbeitende sind aktiv in den Veränderungsprozess eingebunden.
→ Schaffen Sie Räume für Innovation und Zusammenarbeit, um kreative Lösungen zu fördern.

Führungskräfte können die Four Rooms of Change als **Team-Puls-Check** nutzen und individuelle IDG-Kompetenzen stärken. Der Fortschritt der Transformation - ob auf individueller, Team- oder Organisationsebene - kann anhand einer Reifeskala gemessen und gezielt weiterentwickelt werden.

Persönliche Anwendung: nachhaltige Lebensstile

Die IDG bieten auch einen wertvollen Rahmen, um den Wandel im privaten Bereich aktiv anzugehen. Stellen Sie sich eine Person vor, die ihren Lebensstil nachhaltiger gestalten möchte, indem sie zum Beispiel ihren CO_2-Fußabdruck verringert. In Kombination mit den Four Rooms of Change können die IDGs wie folgt funktionieren:

Zufriedenheit:
Die Person lebt sehr bewusst, d.h. Nachhaltigkeit ist für sie sehr präsent und sie will noch mehr im Sinne der nachhaltigen Anforderungen erreichen.
→ Förderung der Kommunikationsfähigkeit und Ausdauer, um andere einzubinden.

Leugnung:
Anfängliche Impulse zur Veränderung stoßen auf Widerstand, da sie als anstrengend oder einschränkend empfunden werden.
→ Mitgefühl entwickeln - für sich selbst und andere - um Blockaden zu überwinden.

Verwirrung:
Die Person erkennt die Notwendigkeit von Veränderungen, fühlt sich aber von der Vielfalt der Maßnahmen überfordert.
→ Unterstützung durch komplexe Problemlösung und Belastbarkeit, um machbare Schritte zu identifizieren.

Inspiration:
Erste Erfolge motivieren die Person, ihr Engagement auszuweiten und andere mitzunehmen.
→Förderung der Zusammenarbeit und Kreativität, um nachhaltige Lebensstile in die Gemeinschaft zu bringen.

Schlussfolgerung 1: Der Wandel als dynamischer Prozess

Die Four Rooms of Change ermöglichen es uns, den Wandel nicht als linearen, sondern als dynamischen, emotionalen Prozess zu verstehen. Jeder Mensch - und jedes Unternehmen - durchläuft diese Räume auf seine eigene Art und Weise.

Die IDGs stellen eine Art Werkzeugkasten dar, aus dem je nach individuellem Status oder Reifegrad eines Teams, einer Organisation oder eines Einzelnen die passenden Fähigkeiten und Qualitäten zur Unterstützung der inneren Entwicklung ausgewählt werden können.

So wird die Transformation zu einer bewussten, überschaubaren Reise - sowohl im beruflichen als auch im persönlichen Kontext.

Schlussfolgerung 2: Transformationsinstrumente ermöglichen die Begleitung und Gestaltung einer nachhaltigen Entwicklung

Durch die Verknüpfung der Four Rooms of Change mit den inneren Entwicklungszielen (IDGs) entsteht ein umfassendes Instrumentarium zur Unterstützung und Gestaltung einer nachhaltigen Transformationsentwicklung:

- Die Transformationsmatrix: Bewertung der aktuellen Situation und Steuerung der inneren Entwicklung im individuellen und organisatorischen Kontext.

- Das Modell der Four Rooms of Change: Veränderungsformel, emotionaler Pulscheck, Reifespiegel des Bewusstseins und Impulsgeber für die nächsten Entwicklungsschritte.

- IDGs: Kompetenzen und Qualitäten, die die innere Entwicklung unterstützen.

Eine bewusste innere Entwicklung erleichtert den Umgang mit mentalen Abwehrmechanismen und ermöglicht es uns, aktiv für eine nachhaltige Zukunft zu handeln.

4.5 Die Veränderungskurve und die Four Rooms
Widerspruch oder Ergänzung?

Wiebke Steinel

Die Theorie der Four Rooms of Change und der Prozess ihrer Einführung haben bereits gezeigt, wie wichtig der Umgang mit Emotionen in Veränderungsprozessen ist.

Ein bekanntes und häufig angewandtes Modell im Change-Management ist die von Elisabeth Kübler-Ross entwickelte Veränderungskurve. Die schweizerisch-amerikanische Psychiaterin untersuchte die emotionale und soziale Erfahrung des Sterbens oder des Todes eines geliebten Menschen (Kübler-Ross (1969): Über Tod und Sterben). Der Übergangstheoretiker Sugarman untersuchte später emotionale Reaktionen in verschiedenen Kontexten. Die folgenden Phasenbeschreibungen beruhen auf dieser Forschung und werden in der Organisationsentwicklung häufig verwendet.

Wie bereits in Kapitel 1 beschrieben, bezog sich Claes Janssen bei der Entwicklung der Bewegung durch die Four Rooms auf mehrere anderen Theorien, nämlich auf Wissenschaftler wie u.a. Cullberg, Levinson und Rossi. Obwohl Claes Janssen sich nicht auf die wissenschaftlichen Ergebnisse von Elisabeth Kübler-Ross bezog, passen beide Modelle zusammen und unterstützen sich gegenseitig.

Die Veränderungskurve ist ein Modell mit sieben Phasen:

Die erste Phase ist der **Schock** als Reaktion auf die Ankündigung der Veränderung. Sie kann mit dem plötzlichen Verlassen des Raums der Zufriedenheit gleichgesetzt werden.

Die nächste Phase ist der **Leugnung**. Hier glauben Sie, dass die Veränderung für Sie oder Ihr Arbeitsumfeld nicht relevant ist. Dies ist der unbewusste Teil des Raums der Zensur, in dem Sie nicht wahrhaben wollen, dass Sie betroffen sind.

Die dritte Stufe wird als **Bewusstsein** bezeichnet, da Sie erkennen, dass die Veränderung Sie betrifft, was Sie dazu veranlasst, die Veränderung zu blockieren oder ihr zu widerstehen. Sie können wütend werden, sich aufregen oder anderen die Schuld geben. Dies ist der bewusste Teil des Raums der Zensur, und dies sind typische Verhaltensweisen in Teams.

Die nächste vierte Phase ist die der **Akzeptanz**, d. h. die Zeit, in der man die Realität anerkennt und beginnt, bequeme frühere Gewohnheiten loszulassen. Vertrauen und Produktivität sind in dieser Phase gering, und sie stellt den Tiefpunkt der Veränderungskurve dar. Dieser Punkt wird auch als das Tal der Tränen bezeichnet, das Sie durchschreiten müssen. In der Theorie der Four Rooms of Change wird diese Phase differenzierter betrachtet.

Zunächst ist der Übergang vom Raum der Leugnung zum Raum der Verwirrung der erste Impuls, etwas an der Situation zu ändern. Und die anschließende Wanderung im Raum der Verwirrung und das Überschreiten des Nullpunkts, der Moment des wirklichen Loslassens der Vergangenheit, zeigen, wie entscheidend diese Phase ist und dass sie aus mehreren Schritten besteht.

Die fünfte Phase wird als **Exploration** bezeichnet, in der neue Ansätze und Fähigkeiten ausprobiert werden und versucht wird, Dinge anders zu machen. Es findet eine erste Auseinandersetzung mit dem Wandel statt und vielleicht entsteht ein zaghaftes Engagement. Im Raum der Verwirrung entspricht diese Phase dem Teil jenseits des Nullpunkts, wenn neue Optionen und Möglichkeiten plötzlich sichtbar werden und der Aufwind der Veränderung greift.

Die sechste Phase ist die **Suche nach dem Sinn**, die durch eine positive Sicht auf die Zukunft gekennzeichnet ist. Sie reorganisieren Ihre Arbeit und lernen, mit der veränderten Situation umzugehen. Diese Phase entspricht dem Raum der Inspiration, in dem Sie ausprobieren, testen und versuchen, die mutig gewählte Option so zu gestalten und umzusetzen, dass sie eine echte Lösung darstellt, die Sie zurück in den Raum der Zufriedenheit bringen kann.

Die siebte und letzte Phase der Veränderungskurve ist die **Integration**. Hier ist die Situation nicht mehr neu, und man weiß, wie die Dinge laufen. Dies ist der Übergang vom Raum der Inspiration zum Raum der Zufriedenheit, die Ernte der Früchte der stattgefundenen Veränderung, der Fluss, den Claes Janssen beschreibt, wenn die Dinge wieder ineinandergreifen und in eine neue Routine überführt werden.

Die Form der Veränderungskurve zeigt, dass nach Abschluss des Prozesses die selbst wahrgenommene Kompetenz im Vergleich zum Ausgangspunkt gestiegen ist. Dazwischen gibt es Schwankungen, aber es ist klar, dass die Veränderung aufgrund der gewonnenen Erfahrung und der neu erworbenen Fähigkeiten von Vorteil ist.

Ursprünglich als lineare Kurve entwickelt, veröffentlichte Kübler-Ross 1978 ein Diagramm mit sich überschneidenden Kreisen, um zu zeigen, dass die verschiedenen Stadien nicht unbedingt eine lineare Erfahrung sind.1

Diese Weiterentwicklung unterstreicht Claes Janssens Ansatz, sich kontinuierlich durch die Four Rooms zu bewegen. Eine dauerhafte Stabilisierung am Ende ist nicht möglich und gerade die Zunahme der Anzahl, aber auch der Geschwindigkeit der Veränderungen in unserer Umwelt macht dies deutlich. Die Absicht, die Geschwindigkeit zu beschleunigen und die Amplitude zu reduzieren, mit der Individuen und Teams in Organisationen die Veränderungskurve durchlaufen, ist sinnvoll, um Mitarbeitende in Veränderungsprozessen zu unterstützen. Hier setzt auch Claes Janssen an. Es ist jedoch wichtig zu verstehen, dass man niemanden durch die Räume drängen kann, sondern nur Unterstützung anbieten und Rahmenbedingungen schaffen kann, die es dem Einzelnen ermöglichen, Türen zu öffnen und seinen persönlichen Weg durch die Räume zu gehen.

Kommunikation gilt als wesentlicher Erfolgsfaktor in Veränderungsprozessen und ist ein Hebel, um Mitarbeitende durch die Veränderungskurve oder die Four Rooms zu führen. Die Veränderungskurve und ihre verschiedenen Phasen können genutzt werden, um aufzuzeigen, welche Art von Kommunikation oder Information zu welchem Zeitpunkt relevant ist. **Klarheit** ist besonders in den ersten beiden Phasen wichtig. Die Kommunikation kann weitgehend formalisiert und an größere Zielgruppen gerichtet sein, z.b. in Form von Town Hall Meetings oder schriftlicher Kommunikation über im Unternehmen etablierte Kommunikationskanäle. Transparenz über die Gründe, die Ziele und den Weg der Veränderung sind hier relevante Inhalte.

In den nächsten beiden Phasen geht es vor allem um **emotionale Unterstützung**. Diese setzt an der persönlichen Position der Mitarbeitende im Veränderungsprozess an und erfordert einen stärkeren Dialog im 1:1-Format, zum Beispiel in Form eines Mitarbeiterdialogs. Ziel ist es, herauszufinden, welche Bedürfnisse das Verhalten antreiben und welche Maßnahmen ergriffen werden können, um diese individuell zu adressieren.

Die letzten drei Phasen erfordern vor allem **Orientierung und Unterstützung**. Das erneute Betonen der Vision, die Festlegung von Leitlinien für die Wahl der Optionen und das Vorleben und Etablieren einer Kultur des Scheiterns sind hier entscheidend. Es geht um das Erkunden, Ausprobieren und Experimentieren. Dabei werden Fehler gemacht, die den richtigen persönlichen Weg prägen und Teil des Lernens und der Entwicklung sind. Ob für die Organisation oder den Einzelnen, es geht darum, herauszufinden, was funktioniert und in Zukunft als neuer Standard etabliert und gefestigt werden kann, um wieder produktiv zu sein und Wohlbefinden zu erreichen.

Die beiden Modelle ergänzen sich, auch wenn die Change Kurve meiner Meinung nach in einigen Punkten zu stark vereinfacht ist. Die Erkenntnis, dass jeder Mensch die Four Rooms bzw. die Veränderungskurve in einem anderen Tempo durchläuft, verdeutlicht die Herausforderung, eine ganze Organisation durch den Wandel zu begleiten. Janssen's Model® bietet mit dem Pulsometer ein Instrument, um die Intensität der Four Rooms of Change zu messen und auf Basis der quantitativen Ergebnisse einen qualitativen Dialog zu führen. Auf diese Weise können geeignete Maßnahmen zur Steigerung des Wohlbefindens und der Produktivität definiert und umgesetzt werden. Diese Messbarkeit und Form der Unterstützung bietet einen großen Vorteil für die Organisationsentwicklung.

5. Fazit und möchten Sie wissen, wie man damit arbeitet?

Wir hoffen, dass Ihnen die Reise durch die verschiedenen Schritte gefallen hat. Die Four Rooms of Change - die Formel für Veränderung! Als wir über den Titel nachdachten, zögerten wir, den Ausdruck die Change Formel zu verwenden. Wir wollten nicht noch einen Bullshit-Bingo-Ausdruck verwenden, war unser erster Gedanke. Nachdem wir darüber nachgedacht und all die Anwendungen und verschiedenen Bereiche zusammengefasst hatten, in denen wir es einsetzen, sagten wir uns: Ja, es funktioniert für jeden - für Menschen unterschiedlichen Alters und unabhängig von ihrem Bildungslevel und Tätigkeit. Wir verwenden es in China, Europa, Afrika, Amerika und Australien - überall... mit Teams und verschiedenen Gruppen in den unterschiedlichsten sozialen Systemen. Wir sind also überzeugt, dass es der richtige Ausdruck ist. Die Theorie ist leicht zu verstehen und der Prozess der Erarbeitung der Four Rooms mit Menschen funktioniert! Es ist erstaunlich. Selbst nach vielen Jahren der Arbeit damit ist es immer noch großartig zu sehen, wie es funktioniert.

In Zeiten ständiger Krisen und gesellschaftlicher Polarisierung ist es umso wichtiger, sich entwickeln und verändern zu können. Diese Herausforderungen können wir nur gemeinsam bewältigen, wenn wir in der Lage sind, miteinander umzugehen und so zu kommunizieren, dass unsere unterschiedlichen "Sichten auf das Leben" respektiert werden.

Möchten Sie es erleben und lernen, damit umzugehen?

Janssens Modell®

Anna Wilson

https://www.janssensmodel.se/en

CONTUR GmbH

Dr. Angelika Schrand

https://www.contur-online.de/en/services/four-rooms-of-change-janssens-model/

6. Bibliographie und Anmerkungen

Die folgenden Bücher, die nicht im Buchhandel erhältlich sind, wurden als Quellen verwendet:

Die Four Rooms of Change
Teil I
Eine praktische Alltagspsychologie - 2nd ed.
2011 © Claes Janssen

Die Four Rooms of Change
Teil II
Fünfzehn weitere Jahre Erfahrung
2011 © Claes Janssen

Aus Gründen der Übersichtlichkeit wird im Folgenden nur Teil I oder II aufgeführt. Darüber hinaus wird das Theoriehandbuch Personal Dialectics by Janssen's Model ® verwendet, das an Teilnehmende der Zertifizierungsprogramme ausgegeben wird.

Theorie-Handbuch Personal Dialectics
2021, Janssens Modell®

1. Die Geschichte der Entwicklung der Theorie der Four Rooms

1. Teil II, S. 37
2. Teil 1, S. 109
3. Teil I, S. 109
4. Theorie-Handbuch, S. 19
5. Teil I, S. 35
6. Theorie-Handbuch, S. 19
7. Teil 1, S. 16
8. Teil 1, S. 20
9. Theorie-Handbuch, S. 7
10. Teil 1, S. 24
11. Theorie-Handbuch, S. 10

12. Teil 1, S. 26. Dies ist ein Auszug. Ausführliche Informationen finden Sie in Kapitel 2.3
13. Teil 1. S. 26
14. Theorie-Handbuch, S. 21
15. In Veröffentlichungen wird oft behauptet, dass die Four Rooms of Change auf der Theorie von Ruth Kübler Ross beruhen. Die Entwicklung der Theorie zeigt, dass dies nicht der Fall ist - Claes Janssen zitiert selbst andere Quellen für die "Movements".
16. Teil 1, S. 27
17. Teil 1, S. 31
18. Teil 1, S. 32
19. Teil 1, S. 205
20. Teil 1, S. 208

2. Die Theorie: Praktische Alltagspsychologie
1. Theorie-Handbuch, S. 24
2. Teil 1, S. 26
3. Teil 1, S. 27
4. Theorie-Handbuch, S. 17
5. Teil 1, S. 220
6. Zitat von Marvin Weisboard im Theorie-Handbuch, S. 11
7. Teil 1, S.220

3. Four Rooms in der Praxis
3.8.
1. Ulla Janssen (Grundschullehrerin und verheiratet mit Claes) beginnt mit den Four Rooms of Change in den Klassenräumen zu arbeiten, zunächst mit Achtjährigen. Im Jahr 2002 legt sie ihre Arbeit "Psychologie im Klassenzimmer" als Prüfungsarbeit im medialen Unterricht vor (Teil I, S.343).

4. Four Rooms of Change und andere Theorien

4.3.
1. Bearbeitet von Giuliano Tarditi. Basierend auf: Peter Szabo und Daniel Meier, Brief Coaching, Mindware Publishing; Paul Jackson und Mark McKergow, *The Solution Focus,* Nicholas Brealey International.

4.4.
1. den IDG-Rahmen finden Sie: Framework - Inner Development Goals
2. die Ankündigung für einen Kurs von Andreas Novy lautet: * "Verweigere den Wandel nicht, sondern gestalte ihn: 'Das einzig Sichere ist, dass es nicht so bleibt, wie es ist'.
3. das Reifegradmodell: Verfolgt und modifiziert: Richard Garret: 7 Ebenen des Bewusstseins

4.5
1.https://www.ekrfoundation.org/5-stages-of-grief/5-stages-grief.

7. Autoren und Co-Autoren

Dr. Angelika Schrand

Sie hat Politikwissenschaften und Soziologie studiert und im Fachbereich der Philosophie promoviert. Ihr Hauptinteresse gilt der Frage, wie sich Individuen und soziale Systeme entwickeln und wie man die Fähigkeit zur Veränderung stärken kann. Als Geschäftsführerin von CONTUR hat sie CONTUR von Anfang an als Gesellschafterin mit aufgebaut. Erfahrungen in verschiedenen HR-Funktionen, u.a. als VP/HR Funktion oder als HR-Direktor in verschiedenen Unternehmen, bereicherten ihren beruflichen Hintergrund. Ihre Leidenschaft ist das Thema Change & Transformation.

Als Certified Global Program Leader für Janssen's Model® arbeitet sie seit 2017 mit der Theorie und hat die Partnerschaft mit Janssen's Model® für CONTUR akquiriert.

Anna Wilson

Anna Wilson ist Inhaberin von Janssen's Model® und Wilson Utveckling A3 in Schweden. Ihre Fachgebiete sind Führungsentwicklung, Change-Management und sie ist zertifizierter Business- und Leadership Coach. Sie arbeitet seit 2014 mit den Four Rooms of Change und hat das Urheberrecht an den Four Rooms of Change 2021 von Claes Janssen übernommen. Claes Janssen und Anna beschlossen, das Modell unter der neuen Marke Janssen's Model® weiterzuführen.

Sie hat über 30 Jahre Erfahrung als Führungskraft, Veränderungsmanagement, Teamentwicklung und Coaching von Einzelpersonen und Führungsteams.

Birgit Freitag

Ihr beruflicher Hintergrund umfasst ein Studium des Chemieingenieurwesens mit den Schwerpunkten Nuklear- und Biochemie sowie Betriebswirtschaft und Informationstechnologie.

Seit 2011 ist sie zertifizierter Coach für contextuelles Einzel- und Business-Coaching und hat sich in Systemischer Organisationsentwicklung und Change-Management (ISB Wiesloch) weitergebildet. Mit ihrer langjährigen Erfahrung im Unternehmensumfeld, insbesondere im Projektmanagement, sowie einer zertifizierten Qualifikation im Four Rooms of Change Zertifizierungsprogramm bringt sie ein breites Spektrum an Kompetenzen mit. Sie ist zertifiziert als Transformationsberaterin an der Akademie für Transformationsdesign in Berlin.

Wiebke Steinel

Wiebke studierte die Themen Organisationsentwicklung, Strategie und Innovationsmanagement. Sie arbeitete als interne Beraterin für Personal- und Organisationsentwicklung bei einem Hidden Champion. Als Verantwortliche für Unternehmensentwicklung und Kulturmanagerin leitete sie verschiedene interne Projekte zur Entwicklung und Verankerung der Kulturentwicklungs- und Innovationsprozesse. Als Leiterin Organisationsentwicklung & Prozessmanagement in einem mittelständischen Unternehmen konnte sie ihr Wissen in den Bereichen Strategie und Leadership sowie agiles

Projektmanagement, digitale Transformation und Prozessopti-
mierung vertiefen.

Ihr Wissen setzt sie nun in einer anderen Rolle als Trainerin und
Beraterin bei CONTUR ein. Seit 2023 ist sie zertifizierte Anwen-
derin des Janssen-Modells und innerhalb von CONTUR für das
Janssen-Modell® verantwortlich.

Giuliano Tarditi

Giuliano hat über 20 Jahre Erfahrung
als Trainer und Executive Coach. Er ist
spezialisiert auf Methoden für die Entwicklung und Transformation von beruflichen Verhaltensweisen für Führungskräfte, Manager und
Unternehmer mit einem stark erfah-
rungsorientierten Ansatz. Als aktives
Mitglied der ICF Italia war er Projekt-
leiter der ICF Coaching Expo 2021 und Projektleiter der ICF
Coaching Conference 2022, den wichtigsten Veranstaltungen in
Italien, die dem Coaching gewidmet sind. Er ist Mitglied der ICF
Global Executive and Leadership Coaching Community of Prac-
tice.

Jens Witte

Zu Beginn seines beruflichen Werde-
gangs war er viele Jahre als Führungskraft in verschiedenen Positionen in
Wirtschaftsunternehmen tätig, u.a. als
Leiter des Competence Centers Technik und Senior Manager Service und
Produktion. In seiner jetzigen Tätigkeit
als Trainer und Berater bei der
CONTUR GmbH liegen die Schwer-
punkte seiner Arbeit in der Konzeption
und Durchführung von Führungskräfteentwicklungsprogram-
men, Train-the-Trainer-Maßnahmen, Seminaren und Workshops

zu virtuellem Lernen, Service Excellence, Teamentwicklungsmaß-
nahmen und Moderation. Seit 2019 ist er zertifizierter Anwender
des Four Rooms of Change - Janssen's Model®.

Dr. Doris Yuan

Doris Yuan hat einen Doktortitel in
Psychologie und verfügt über mehr
als 25 Jahre Erfahrung in verschiedenen Personal- und Leitungsfunktio-
nen in unterschiedlichen Branchen.
Zusammen mit anderen Coaches
treibt sie die Bewegung der Inneren
Entwicklungsziele (IDGs) in China vo-
ran. Sie ist zertifizierter Leadership
Coach, PCC und zertifizierte Anwen-
derin des Janssen-Modells, wobei sie in ihren Coaching- und Tea-
mentwicklungsprojekten die Four Rooms of Change anwendet.